南疆紀行

SOUTHERN XINJIANG

胡成・著

在武威的午夜，搭上開往新疆的綠皮火車。

目次

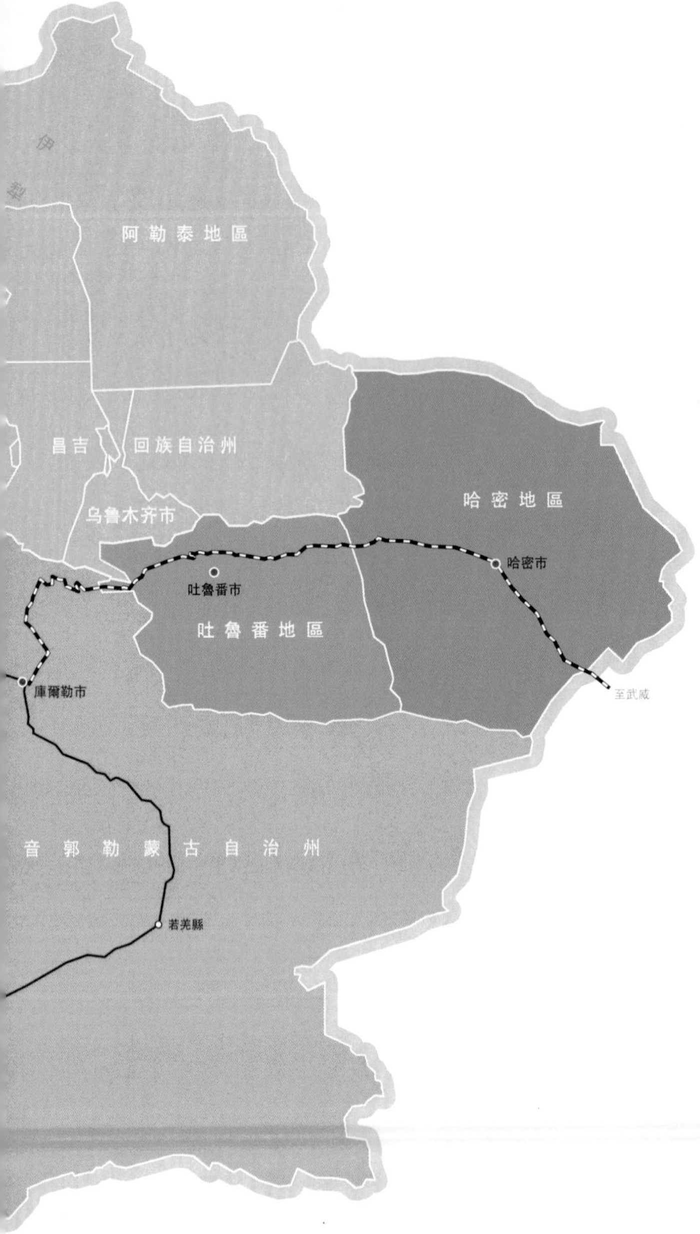

阿勒泰地區
昌吉
回族自治州
烏魯木齊市
哈密地區
哈密市
吐魯番市
吐魯番地區
至武威
庫爾勒市
音郭勒蒙古自治州
若羌縣

塔
博爾塔拉蒙古自治州
拜城縣
烏什縣
溫宿縣
庫車縣
阿合奇縣
阿克蘇市
克孜勒蘇柯爾克孜自治州
阿克蘇地區
喀什市
伽師縣
巴楚縣
疏勒縣
英吉沙縣
色力布亞
莎車縣
塔什庫爾干
葉城縣
皮山縣
和田地區
紅其拉甫口岸
喀什地區
至巴基斯坦
和田市
民豐縣
于田縣

南疆行程圖

第一章　入疆

綠皮火車，即便是在奢侈的軟臥車廂，也只有一盞孤懸在窗上的風扇。風扇扭轉著，呼嘯著，可是下鋪依然得不到半縷的風，悶熱得像是空置在午後沙漠的鐵皮罐頭。

輾轉反側，陽曆五月的最後一個夜，夏曆五月初三，後仰起頭，透過窗簾的縫隙，土星與火星左右點綴在窗上。那鐵軌是與黃道平行了？四野純粹的漆黑，大約從黃道張望左右的天穹，也即如此吧？

悶熱難耐的夜就像是一個糾纏不清的夢，為了就和些過道中逃逸的風，對面下鋪去玉門的中年男人，甚至把腿橫在我的床上。驚醒的片刻，我記著他是睡在了過道的地板上。

中年男人有清晰的東北口音，大約是來自走廊北山山北的內蒙古。清晨，終於感覺到些許的涼意，朦朧間，卻看見他已經正襟危坐在床邊，新刮了臉，一抹鐵青。再一次朦朧間，聞見了濃濃的煙味。一定還像昨夜那樣，中年男人會在臥鋪間裡點燃一枝煙，吸兩口，安置好煙與打火機，再走出門去。

我原本薄薄的睡意，瞬間湮滅在濃濃的煙味中。

中年男人站在走廊裡等待著玉門，他回答我說去那裡做藥。還沒待我再問一句何為「做藥」，乘務員已經在車廂裡吆喝玉門站就要到了。中年男人回身提起行李，「兄弟，再見」，然後匆匆下車。

透過緩行中的列車車窗，又瞥見他，正走進玉門火車站的出站口，嘴裡又銜著一枝煙，身後一抹淡淡的煙，一抹鐵青。

清晨的戈壁，陰鬱肅殺。綠皮火車前部的硬座車廂裡，同樣的寂靜清冷。乘客不多，每個人都盡可以橫躺在座椅上，挺直了身子，伸展在過道裡的汗腳也不客氣地散發著酸臭。

硬座車廂絕大多數的乘客，看模樣都是前往新疆工作的農民工。要數十四車廂最是熱鬧，二十多人同行的隊伍，聚攏兩處打著從家鄉帶來的紙牌。打牌的與看牌的，吵鬧不休，說著濃釅的川音。

看乏了的，自己走到車廂連接處，倚著車窗，用家鄉的煙葉搓出一枝土煙。湊在打火機的火焰裡，狠嘬兩口，老白乾一樣濃烈的青煙，騰地炸開，燻嗆得近旁的女人，忙不迭地躲遠。

「你們這是從哪裡來？」

「四川。」

「四川哪裡？」

「樂山。」

「這是打算去哪裡呀？」

「庫爾勒。」

沉浸在土煙滋味中的男人，顯然對我的搭訕全無興趣，幾句答話敷衍得近乎不屑。

被包圍在刺鼻煙霧與嘈雜叫嚷之間的，是十四車廂的乘務員，渾然忘我地，在敞開門的乘務員室裡，低頭玩著他的蘋果手機。他是整列列車唯一一名維吾爾乘務員，相貌英俊，只可惜他的種族賦予他的充足的雄性激素，讓他的前額早早有了些脫髮的痕跡。

中午再過去的時候，欒山人打牌也乏了，圍著一位女售貨員推著的售貨車，買些八寶粥與泡麵充饑。這趟開往阿克蘇的綠皮火車，始發站是寶雞。他們一定是翻過秦嶺，在寶雞搭上的列車。在這個精神抖擻的中午到來之前，他們已經在硬座車廂熬過一天一夜。

終於有困倦已極的幾位，買來啤酒，大口灌下。就著酒意，揀一張沒有人的座椅躺平，在唇角的啤酒沫歸於無形之前，已經沉沉睡去。

過來替班的漢人乘務員，唇上的髭鬚還只是淡淡的若有若無，初來的戍卒與慣經沙場的邊將一般，與維吾爾乘務員一陣打鬧說笑，然後各自歸去。

我的上鋪，一直在睡覺的女人，坐在對面蒙古男人空下來的鋪位上。

在得知我的行程後，她開宗明義地告訴我：庫車很危險。

她有一張典型的西北女人的面孔，能看見西北常年的風沙與驕陽，還有一口因為高氟水質而導致煙黃色的牙齒。她從蘭州來，到庫車去，給她的大兒子帶孩子，帶她的寶貝孫子——現在除了畢業班，庫車學校的其他年級已經全部停課。她的大兒子在庫車的部隊上，已經十五年了，「是王震的主力部隊」，她如是說。二兒子在庫爾勒的油田，但房子也買在了庫車，因為房價遠比庫爾勒便宜。所以她最熟悉的新疆就是庫車，所以她只是告訴我：庫車很危險。

平日裡，她隨大兒子一家住在庫車縣城中心的部隊上，其實最安全不過。她沒有辦法說得清楚如今彌漫在新疆的「危險」究竟為何，但是這種「危險」卻已經實實在在地影響到了她的家庭。她的二兒媳婦是張掖人，帶著孩子回到了張掖，二兒子打算賣了庫車的房子，在張掖買房安家。

這大概就是她關於「庫車很危險」最好的注腳。

她沒有上過一天學，出生在榆中的山裡，在六個兄弟姊妹中行二。十四歲上，死了母親，父親獨立拉扯一群孩子，哪有力量供他們讀書？我最初試著誇讚她的大兒子，高中畢業參軍，在部隊十五年，應當是營級幹部了吧？她說這我不知道。我以為是部隊的軍事機密，她不方便說——後來才發覺她是真的不知道。

一個完全沒有文化的女人，從榆中的山裡去了省會蘭州打工，結婚成家，撫養兩個兒子成材，雙雙來到新疆，過上了安定幸福的生活。可是，如今他們卻憂心忡忡，在「危險」莫須有的時候，已經開始盤算著離開。

在她試著解釋如何「危險」的時候，小心地關上了臥鋪房門。「隔壁是維族人。」她示意著相鄰的臥鋪房間，輕聲和我解釋道。

隔壁住著五個人，一對維吾爾夫妻和他們一雙子女，還有一位從長相上來看，像是丈夫兄弟的男人。

後來，走廊就成了兩個孩子的世界。姐姐蘇比努爾，七歲；弟弟穆斯塔法，四歲。她們也從蘭州來，父母在蘭州做烤肉生意，所以已經在蘭州讀小學一年級的姐姐，漢語說得標準而流利。

弟弟是姐姐的跟屁蟲，寸步不離。可是又調皮，總愛騷擾姐姐，姐姐毫不留情，啪啪地用力打弟弟的腦袋。穆斯塔法是個堅強的男人，從來不哭，反而捂著被打的地方一邊大笑一邊哀嚎著：「好痛啊！」

我的參與，讓堅強男人更加得意，變本加厲地攻擊姐姐，姐姐的還擊更是兇殘。對於被打的部位，沒有接受漢語教育的堅強男人還不能都用漢語叫出名稱來，只有「屁股」的發音清晰準確，於是不管被姐姐打了哪裡，堅強男人都會叫嚷：「屁股好痛呀！」

健碩的父親站在門旁，看著兒子捂著腦袋和臉哀嚎：「屁股好痛啊！」也隨著我們一起笑得不可自持。

一片歡愉。

不過，每當看見乘務員遠遠地走過來，蘇比努爾立刻就安靜下來，乖乖地站著或者躲進臥鋪房間裡。她害怕，小心地和我說：「她是警察。」誤以為乘務員的藍色制服是警察制服。

蘇比努爾最喜歡的，是那位之前被樂山人包圍著的女售貨員。不是因為她穿著不會被誤會的紫紅色制服，而是因為她也是維吾爾人。每當她推著售貨車過來，蘇比努爾就會踩在走廊的暖氣片上為她讓出路，然後笑著用維吾爾語甜甜地說：「姐姐好。」姐姐也會用維吾爾語和蘇比努爾說上兩句話，然後歡愉地離開。

蘇比努爾告訴我為什麼喜歡她，因為她也是「新疆人」。雖然這趟綠皮火車屬於烏魯木齊鐵路局，所有的列車乘員都是新疆人，但他們不是蘇比努爾以為的新疆人。

在七歲的蘇比努爾的心裡，新疆人的意思，大約只是與她同一民族的維吾爾人。

蘇比努爾的家，在這趟列車的終點，阿克蘇。

蘇比努爾小聲地和我說——但是這件事情有些繁雜，她沒有辦法用漢語邏輯清晰地表達出來，於是支離破碎地，我聽出來她們回家的原因是，她的爺爺去世了。

因為遠在蘭州謀生，所以當蘇比努爾的姥姥與爺爺的去世的時候，她們都沒有能及時地趕回家裡。

「姥姥死，一年前；爺爺死，一天前。」

蘇比努爾和我說，小心翼翼地，有些傷心。

但是一忽兒過後，她又高興地拍打著弟弟的腦袋，在弟弟「屁股好痛啊」的哀嚎聲中，哈哈大笑。

當我開始寫今天的日記的時候，是在吐魯番之後的戈壁。夕陽在窗外，平平地掠過黛色的天山，和風一起灌進車廂裡。最起碼在這一刻，蘇比努爾和我已經是世界上最好的朋友，她過一會兒就要走過來問我一次：「還沒有寫完呀？」她想和我玩，經過一下午的打鬧，我們成了朋友。

穆斯塔法，整個下午笑對蘇比努爾各種暴力毆打的堅強男人，忽然嚎啕大哭起來。列車停靠吐魯番火車站的時候，父親從站臺的售貨車裡千挑萬選——起初我以為只是因為他基於個人喜好的挑剔——買了幾根黃瓜和一盒餅乾。餅乾是給孩子們的，可是父親忽然發現配料表裡有一個令人生疑的配料：起酥油。他堅定地以為那是豬油的一種，所以奪下了穆斯塔法送到嘴邊的餅乾。

穆斯塔法傷心極了，嚎啕大哭。四歲的堅強男人，還理解不了為什麼父親平白無故地不讓他吃好吃的餅乾。

坐在近旁的水果商人，忙不迭地解釋起酥油其實只是一種植物油，「雖然不利於健康，」他實在是一位具有良好科學素養的水果商人，「但是絕對不是大油。」父親疑慮難消，水果商人索性掏出手機，檢索出詞條。這實在是毋庸置疑的證明，父親相信了，穆斯塔法含著眼淚笑著嚼起了餅乾。

七歲的蘇比努爾沒有哭，也許她已經明白有些食物是她此生絕不能染指的。但是後來她再來打探我有沒有寫完日記的時候，幸福地和我說：「餅乾真好吃呀！」

水果商人從鄯善上車，買到我對面空著的下鋪。他也去庫爾勒，然後是庫車、伽師、和田，一路逐水果而去。看見蘇比努爾進來出去，他忽然問我，漂亮的蘇比努爾長大以後會是什麼模樣？

我想大概會很像她的媽媽，一個豐腴肅穆的維吾爾女人。每當她走過走廊的時候，我都希望因為我和她的女兒是最好的朋友的緣故，她能和我打個招呼。但是她沒有，她穿著一襲黑袍，赭石色的頭巾，矜持地從我面前走過。

所以我悲觀地意識到，我和蘇比努爾其實只會是今天一天的朋友。

就像那年，我在西州的時候，遇見的高昌的姑娘。

雖然來得很晚，但夜終於還是來了。

車窗外的天山近在咫尺，山色比夜色更深。山巔之上，一瓣牙黃色的新月，氤氳著淡淡的霧暈。

蘇比努爾已經躺在她的上鋪睡著了，我們終於還是沒有能再玩一會兒。

今天就要過去。

2014.06.01 22:46 K1661次列車 時在巴音郭楞蒙古自治州阿拉溝鄉左右

2014.06.02 07:28 新疆巴音郭楞蒙古自治州庫爾勒市人民西路金都廣場

第二章　庫爾勒

那位出租車司機的故事，大約是他許多同齡人的故事。

他退伍回到庫爾勒，轉業單位有兩個選擇：一是公安局，二是糧食局。所有後來發現自己當初選擇錯誤的人們，無一例外在講述過去的時候，會把這種選擇錯誤歸罪於別人。比如在他的講述裡，他當初是想去公安局的，但是，但是每當這時候，總有位昏聵的父親站出來，給予他錯誤並且改變命運的建議：當公安太危險，還是去糧食局吧。

在故事裡，很少有堅持己見與反抗，順理成章的結局就是，他去了糧食局。

比如我認識的某位他的同齡人，也因此沒有去銀行，錯誤建議的結局是工廠。

後來，他們都下崗了。

「還有一年，明年，當年一起轉業的戰友就能退休了。你看看我，每天還得開出租車。」

他亦真亦假地抱怨著，語氣平和。

語氣平和，那是認命了。

在被告之經歷了虛幻的自然災害，在親身經歷了真切的飢餓與死亡之後，那一代人是多麼看重糧食局這份工作所蘊藏的深意——最起碼，飢餓再度來臨的時候，糧食局這份工作能讓人活著。

我勸慰他，他一聲歎息，他是理解的。

至於之前，他卻是語氣激烈，怨聲載道。

剛一上車，得知我要去庫爾勒市政府近旁的巴州博物館，他第一句問我：「帶身分證了沒有？」

「現在是新疆的非常時期。」他解釋道。出門沒有身分證，寸步難行。就在昨天，他去市政府辦事，但是怎麼也進不去大門。沒有帶身分證，「駕駛證也不行，都是你們政府發的，也不行。」

沒有辦法，只好又開車回家取身分證，什麼事都耽誤了。他憤憤不平，他認為他們太過軟弱。「幾個皮帽子就把他們嚇怕了。」這令他頗為不屑，指著路旁處處可見的裝甲車與武裝警察，他的意見是，「看見鬧事的直接打死就是了，這也不讓進，那也不讓去，生活太不方便了。」

「這有什麼呀?!」

車正越過乾涸的孔雀河舊道，他指著寬闊街道旁的某處樓房說，「那就是我出生的地方。」

不過，那時候左右都還只是農田，孔雀河舊道河寬水急，河中滿是水草，還有許多天鵝。

我有些傷心，我知道那樣的孔雀河，我是永遠不能得見了。

巴州博物館院門緊閉，後門的守門人說端午節假期開放三天，所以節後第一天休息。昨天是端午節，昨天也是星期一——博物館的傳統閉館日，我不明就裡地休息一整天，平白錯過巴州博物館。

或許又是一場不能得見。

悻悻然坐公車回返，前排座坐著一位漂亮的維吾爾姑娘。濃妝。確實，就像大多數西域民族的姑娘一樣，激素原因，外表略有過度雄化的傾向。但是除此之外，她無疑是非常漂亮的。眼睛，尤其是長而捲曲的睫毛，她側身和同座的女人用維吾爾語聊天，那些完全不明所以的音節彷彿也性感起來。

庫爾勒，或者烏魯木齊，在這樣維吾爾人居住的大城市裡，維吾爾姑娘的穿著愈發呈現兩個極端。一種是愈發如世俗的女人般，展現她們遠勝漢人的天賦，惹火的身材與更加立體的面孔。而另一種則是愈發如宗教的女人般，開始穿著黑色蒙面罩袍波卡（Burqa）——新疆稱之為吉里巴甫——沒有身材，沒有面孔，甚至沒有性別。

這是這個世界讓我感覺困惑的原因之一。男女無疑是應當平權的，這幾乎是最容易達成共識的普世價值觀。可是，當普世價值與宗教教義相牴牾的時候，怎麼辦？

坐上那輛出租車之前，在團結北路路旁的一家牛肉麵館午飯。等著門外維吾爾小夥烤羊肉串的時候，店裡一位精瘦的男人以謹慎的態度躬身走到收銀臺，指著手裡的煙，問收銀的維吾爾姑娘：「能抽煙嗎？」

那是個禮貌得讓人乍見便會喜歡的姑娘，臉上始終浮現著微笑，找零的時候，一定會把每張紙幣整平捋順，然後用雙手遞還給你。她笑著輕聲回答那個男人：「你是漢民呀，喝酒都可以。」

男人憨然一笑，退回座位，點燃他的煙。

當然，不少維吾爾人也在抽煙，甚至是回民。

昨天在庫爾勒北站旁，庫爾勒盡人皆知的吃饢坑肉的地方吃烤羊排。回民開的海軍饢坑肉生意最好，人少的中午，他家卻也是座無虛席。左右維吾爾人的攤檔，食客零落，甚至空無一人。

老闆親自烤肉，或者在門外的木礅上剁肉。身材魁梧壯碩，面貌呈現出強烈的蒙古人種特徵，可能是準噶爾人後裔也未可知。剁乏了，點一枝煙，繼續悶頭工作，不多言語。

我知道部分嚴格遵循教義的穆斯林，對於許多維吾爾人抽煙是頗為不屑的。

我又不以為然。我愛著你，我抽著煙仍然愛著你。

你希望我好，希望我戒煙，那好，我努力，但是如果我戒不了煙，那並不意味著我不愛你。

是我把宗教庸俗化了，還是宗教本應如此？

於我而言，此行庫爾勒，唯一不能不得見的，只有鐵門關。

庫爾勒，西漢，地屬尉犁。東漢末年，焉耆兼併尉犁，地屬焉耆。《新唐書・地理志》載：「自焉耆西五十里過鐵門關。」因為行政區劃的改變，如今鐵門關更近庫爾勒城區，大約距北郊十五里，當地人稱龍山的山谷里。

一別涼州的星夜，入疆以來，連日陰沉。今天早起，濃陰之外，再添大風。

前年出塞，原本計畫：渡關山，走河西，出瓜州，越沙磧，一去北庭，二去安西。唐時古道，乃至今日道路，走伊州、西州，即哈密、吐魯番一線，吐魯番以後，即會分道揚鑣。我既然自吐魯番向西北去了北庭大都護府治所庭州所在的吉木薩爾，若要再去安西大都護府治所龜茲所在的庫車，為著亦步亦趨，便要折回吐魯番，轉向西南。太多回頭路，所以作罷，未去安西。

此番南疆之行，多少可以了此遺憾。

西州至安西，途徑之處，銀山磧，鐵門關。

天寶八載冬，岑參赴安西途中，宿銀山磧西館：

銀山磧口風似箭，鐵門關西月如練。
雙雙愁淚沾馬毛，颯颯胡沙迸人面。
丈夫三十未富貴，安能終日守筆硯。

颯颯胡沙迸人面！

見著新添的大風，簡直喜難自禁。我自認岑參當世第一粉絲，岑嘉州必然會厚待於我。前日讓我遇著半車廂的嘉州人，今日讓我得見安西道上的風沙。

鐵門關果然大風。

鐵門關扼守的道路，是兩山夾峙的孔雀河谷，沿河谷右岸山腳自然踐踏而成的山路。山是碎石山，不時有滑坡，斗大的石塊裹挾著沙土而下，直沖孔雀河道。古往今來，不知道有多少行旅喪生此地？

孔雀河只似潺潺溪水，上游水電站的功勞。孔雀河的季節性斷流，下游的完全斷流，乃至羅布泊的徹底乾涸，均有賴於此。只可惜，類似三門峽水電站這樣人定勝天的工程，一個也太多了；類似水草豐美的孔雀河與羅布泊，再多也太少了。

作為景點，鐵門關八元人民幣的門票價格著實低廉，然而除了故地舊址，景區也實在沒有什麼可觀。只是新建了鐵門關關樓，清代規制，現代工藝，不倫不類。

唐時鐵門關樓，嘉州的舊題，何時湮滅？

鐵關天西涯，極目少行客。
關門一小吏，終日對石壁。

橋跨千仞危，路盤兩崖窄。
試登西樓望，一望頭欲白。

陰鬱與狂風，讓鐵關門舊道上，只有我踽踽獨行。
即便我不是千山萬水自長安跋涉而來，我依然可以理解唐人至此的悲苦。
關山千里。
關山萬里。
何日得還？
何年得還？

2014.06.03 21:21 新疆巴音郭楞蒙古自治州庫爾勒市人民西路金都廣場

蘇比努爾與穆斯塔法　武威至庫爾勒列車上

四川樂山籍赴疆民工　武威至庫爾勒列車上

鐵門關　庫爾勒

第三章　若羌路

四個小時之後，下午兩點，在三十四團停車午飯。

門前依然是一片泥地，每當車輛往來便會揚起一陣塵土的阿布都沙拉木快餐，看起來是往來庫爾勒與若羌班車的定點食堂。三輛客車下來的旅客，讓矮胖的阿布都沙拉木手忙腳亂。

廚房外，土灶上是一鐵鍋手抓飯，黃澄澄，油汪汪，熱氣夾雜著塵土飛揚開來。加肉，二十塊錢一盤；不加肉，十塊錢一盤。比起裡面還需要現炒的拌麵之類，抓飯最受青睞。

從灶臺上抄起一隻塑膠盤，換在左手，右手抓起鐵鏟，鬆朗朗地盛上幾鏟。再從鍋裡扒拉出一塊不大的羊肉，供品般碼在盤子裡。總有人在抱怨那塊羊肉的分量。好說話的，嘀咕幾句悻悻然去找座位；不好說話的，直接要求換一塊，雖然整鍋裡的羊肉早已經鬧過均貧富的革命，但守舊總不如換新，也許就多了那麼一芽兒的肉。

抓飯越來越少，羊肉也越來越少，而且大多是被之前的食客挑三揀四剩下的。這讓阿布都沙拉木自己也覺得心虛，用鏟子仔細地把羊肉擺出看起來最大的模樣，然後再怯生生地低聲問上一句：「行嗎？」

在新疆，二十塊錢一盤的抓飯價格並不貴，即便如此，依然還是有許多旅客圍觀以後，決定再忍一忍。

讓我意外的，客車上看起來最是窮困潦倒的那個維吾爾父親，也給兒子買了一盤抓飯，牽著笑逐顏開的孩子，腳步輕快地走進裡屋找座。

父子倆走進庫爾勒汽車站，找著開往若羌的客車的時候，我居然懷疑他們是否買得起將近一百塊錢一張的若羌汽車票。父親穿一條破舊的滿是油漬的藍布褲子，同樣藍色的外套略新一些，卻是一件工作服，胸口醒目的有某機械集團的標誌。依然還是藍色的鴨舌帽，已經洗得發白。腳下一雙黃色的塑膠拖鞋，看起來很是落魄。

沒有一件行李，完全看不出父子倆的身分，靜靜地坐在後面。每次停車休息，父親會下車點一枝煙，孩子緊緊跟著，寸步不離。有小賣部的地方，也沒有進去過，就只是靜靜地等待著車開。後來，可能兒子真得餓壞了，在三十四團停車的時候，他們最先衝下客車。

可是，卻幾乎是在最後才買了一份抓飯。

最後一份抓飯，是另一輛由庫爾勒去若羌客車上的一個孩子買走的。

一對年輕的維吾爾父母，始終坐在公路底下的土坎上，兩個孩子，大些的還只像綠皮火車上的穆斯塔法，小些的走路仍然蹣跚。在阿布都沙拉木店裡吃飯的，幾乎是清一色的漢人，不像在庫爾勒，酒是明文禁止飲用的，但是煙霧繚繞。不知道是不是出於這個原因，他們始終遠遠地坐在外面。直到最後，才讓大些的孩子買了一份抓飯，裝在塑膠袋裡，提在右手裡，左彎著腰，勉強提到母親那裡——也許是挨不過孩子的央求，誰知道呢。母親把抓飯攤在身前，用右手團起餵給她的孩子們，兩個孩子仰著頭，像是窩裡飢餓的燕子，啄著母親手裡的飯團——這麼多年了，我才第一次看到抓飯之所以為抓飯。

父親站在母子的身邊，看著她們，抽著煙，一如之前焦慮。孩子們容易飽，塑膠袋裡的抓飯還剩下不少。女人示意自己的丈夫吃上一些，丈夫掐滅了煙頭，還是那麼嚴肅地，帶著步履踉蹌的小兒子逕自走回了車裡。

女人坐在那裡，團起抓飯，輕輕抿進嘴裡。

我注意到，阿布都沙拉木給兩位維吾爾同胞的手抓飯，飯上都有兩塊羊肉。

司機照例會有一份免費的午飯。飽餐回來的比阿布都沙拉木還要胖上許多的王師傅，提著兩瓶水坐上了駕駛座。

從庫爾勒到若羌，四百五十公里，但是因為二一八國道全程限速六十公里，所以車程長達八個小時。新疆道路運輸管理局規定日班司機單次駕駛時間不得超過四個小時，所以其後的路程，王師傅替代了海師傅。

王師傅是個很難溝通的人——也許只是不願意與陌生人搭訕。相較而言，海師傅——也許是位回民——則明顯更願意應酬。他也是庫爾勒人，之前跑出租車，但是份子錢的壓力，讓他覺得兩地奔波的長途客車司機的生活要輕鬆得多。

他說他跑長途才兩年，雖然年紀不小，卻還只能算是新手。出庫爾勒的時候，王師傅坐在他身後，因為他一次錯誤的並線導致沒能趕在紅燈前穿過十字路口，王師傅喋喋不休地一路訓導到尉犁。

你只知道走內道，曾經哪裡就是這樣，哪裡還是這樣；而曾經哪裡，我怎麼樣巧妙並線；曾經哪裡，我怎麼樣右轉直行；曾經哪裡，我怎麼樣預判車況。「我看你就是改不了了。」王師傅總結道。海師傅一言不發，戴上了墨鏡，我直擔心他會撒開方向盤回身嗆聲，但是他沒有。他只是繼續開著車，不時摁幾聲高音喇叭，間或向對面駛來的同公司的客車揮手致意。

這是一個別緻的習慣。所有同運輸公司的客車，不論是否認識，不論司機維、漢，無一例外在會車時會彼此揮手致意。雖然大多司機與海師傅一樣面無表情，只如儀式般揮手，但這總歸是很溫暖的舉動。

新疆太過廣大，道路太過漫長，人們需要一次又一次的溫暖而堅持前行。

一如曾經的旅隊需要一程又一程的綠洲而堅持前行。

二一八國道路況很是不錯，全程新鋪的柏油路面，測速與監控也很完整，除了道路兩側遍布垃圾。

大體上，國道隨著格里木河流向鋪設，在庫爾勒與若羌之間，幾處新建的城鎮，依次序是新疆生產建設兵團農二師第三十一團至三十六團團場所在。

三十五團與三十六團兩團團場距公路較遠，三十六團團場米蘭鎮，距米蘭遺址僅三公里。可惜在若羌打探如何去米蘭時，得知若羌旅遊局會收取每位遊客三百元參觀費，形同劫掠，不去也罷。

生產建設兵團的基本農田，間或能看到有人在勞作。環境太過惡劣，所謂農田，不過是戈壁中略平整的土地，人如螻蟻般淹沒在遠比內地廣闊的田畝裡。

他們是希望。

所有在這裡努力生存的人們，都是希望。

不知道哪裡的養蜂人——戈壁裡會有花海嗎？還只是那些叫不上名來的灌木開出的零落的花兒？蜜蜂都會加倍的辛苦。

還有定居在戈壁灘的，公路外幾百米的人家，土坯房，泥地軋出的一條曲折土徑，幾輛農機。

安徽人開的加水站，四川人開的飯店，寧夏人開的麵館，三十四團公路旁的足浴店，沿著公路牧羊的回民牧羊人，客車裡不絕於耳的河南話。一瞬而過的，坐在路旁修車行外，風吹日曬有如紅砂岩般面孔的，不知道從哪裡來討生活的人們，如何能更堅忍？

戈壁黃沙中的胡楊、紅柳、沙棗、羅布麻、駱駝刺，以及不知名的城蓬與荒草。

陽光蒼白，狂風不止，滿地流沙。

國道一千公里里程碑以後，戈壁索性化作沙漠，天地蒼茫一片。

王師傅也許是為提起精神，嚼起了大蒜。在見到若羌的綠洲前，是最難熬的一段蒜蓉味的旅程。海師傅應當是習慣了王師傅的一切，嘮叨以及嚼大蒜，獨自在副駕的小座位上沉沉睡去，全然不受影響。

直到進入若羌前，全程唯一的一處檢查站，海師傅這才睡眼惺忪地下車報檢。沒有警察上車檢查身分證，這與北進烏魯木齊的如臨大敵迥然不同。

若羌汽車站還是舊時代的模樣，售票廳與候車室後面，是地面龜裂的院場。客車必須進站，院門落鎖，隨開隨關。

下車以後，保安指示著在後門一處檢查站前排隊，單次兩人放行，每人都要接受身分證的聯網檢查與登記。本地人已經熟悉這樣的形式，默默在排在隊伍裡，默默地掏出身分證，無論漢人，還是維吾爾人。

同車而至的一位漢人，指尖捏著的甚至是棗紅封皮的戶口本。檢查站裡的維吾爾警察問道：「你身分證呢？」「丟了。」「哪頁是你？」他默默地翻到戶口本裡自己的那一頁，沒有再答話。

在神祕的關於我們所有信息的龐大數據庫裡檢索出我們確無犯罪記錄之後，警察放行。雖然明知道自己是清白的，但還是會為之前的緊張長舒一口氣。數據庫是一個黑箱，誰知道哪天不會平白多出一條不予放行的記錄？

哪怕只是一個錯誤。

若羌縣城很安靜，汽車站前趴活兒的維吾爾出租車司機們甚至懶得招呼你，放平了座椅，自顧自地玩著手機裡的遊戲。

右轉向前，不遠處，縣政府的十字路口，尋著一間名為「浙溫」的賓館。遠在南疆，不得不承認這樣的名字是有誘惑力的。其實種族與種族，民族與民族之間的親和是天然的，那麼對異族的抗拒與警惕，勢必也是天然的。我們努力克制我們的天性，祥和地生活在一起。可是一旦有風吹草動，理智往往毫無抵抗地慘敗給天性。

帶我看房間的小夥子，應當是店主人家的兒子。熱情，友好——這也許是誇大，這也許又是天性的坦然表現，我立刻決定住下。小夥子並不是溫州人，但同樣來自浙江，台州。

他和我說，在這裡，離家已經四千公里。

2014.06.04 23:55　新疆巴音郭楞蒙古自治州若羌縣文化路與勝利路十字路口浙溫商務賓館

第四章　若羌

一兩萬人的若羌縣城，若羌鎮，安靜得像是一個空鑵頭瓶。隨便站在街邊的白楊樹蔭下，當樹葉停止搖曳的時候，可以聽見嗡嗡的迴響，就像最寂靜的午夜的耳鳴。

應當為若羌捉一隻蟬。

一隻就夠了，扔在空鑵頭瓶裡，那樣每個午睡的人們都會因為忍受不了知了聒噪的叫聲走上街頭。

我們便載歌載舞在一起。

不大的若羌鎮北，是鐵干里克鄉。鐵干里克，維吾爾語刺草，那些在戈壁灘上堅忍的刺草。

東西向的米蘭路分隔著縣城與鄉村。鄉村一側的路旁，一道水渠，藍灰色的渠水，急不可待地流淌著。嘩嘩的水聲，像一堵牆。

水渠後面，是一排排磚瓦混合著土坯的低矮平房，一段圓木，搭在水渠上，是通往若羌鎮的橋。

臨近水渠，也即是臨近街面的房子，大多改成做買賣的店鋪。維吾爾人的烤饢烤肉烤包子店，漢人的石雕作坊小賣部。只是午後，大多緊閉著門。

西段勝利路十字路口，熱鬧一些。有新建的住宅樓，底商遠離水渠，空出廣場。廣場上，有七八隻破舊的檯球桌，許多維吾爾人正玩得興高采烈，雖然球杆也彎曲了，檯面也不平整了，擊出的檯球慢下來，會在檯面上走出詭異的路線，但是人們還是玩得很開心。

檯球桌旁邊，有三個維吾爾兄弟的兩眼饢坑。

一眼饢坑打饢，一堵土牆下的案子上，擺滿了摞起幾層的金燦燦的饢。今天終於放晴了，陽光照在饢上，像是炫耀著烤饢的火候。白楊樹葉的影子，偶爾拂過，撣去貪吃的蠓蟲。

一眼饢坑烤包子，掌爐的幾兄弟從容貌上看也許不是血緣的兄弟，但他們親密無間。他們的妻子們坐在鋪在臨時建起用以棲身的平房前的毛氈上，帶著他們的孩子們。

打饢師傅兒子拿在手裡玩的充氣的錘子漏氣了，打饢師傅停下手裡的活計，找出膠帶，試著能不能補好那個已經又髒又破的玩具。

一饢坑的烤包子陸續出爐，我有些後悔，我應當晚一些再要三個烤包子，這樣便可以吃上最新鮮的。其實我對烤包子的興趣爾爾，太多的羊尾油，容易生膩，我只是希望可以坦然地坐在他們的餐桌前，看他們勞作。

饢坑裡烤的包子真是漂亮，鼓起的包子焦黃酥脆，看一眼，都會崩碎在嘴邊的。烤包子的師傅伸一把笊籬進爐膛，接住從爐壁上捅下的烤包子，翻手再倒進鑞坑旁的鐵盆裡。

他看見我在拍照，和我說些什麼，可惜他不太會說漢語。我返身回到餐桌前冷掉的烤包子前，他在裝烤包子裡的鐵盆裡一陣翻騰。我癡想著他是不是在幫我挑一個最美味的烤包子，他招呼我了，原來他把鐵盆裡的烤包子整整齊齊地碼了一遍，一律正面向上，積極得像是一班級乍上政治課的紅領巾。他讓我拍照，他覺得這才是烤包子們最漂亮的時刻。

我如何能拒絕？

他們還有一個兄弟，在做刨冰。

玻璃罩的推車裡，有一隻刨冰機，冰刨在碗裡，加上新釀的酸奶，白砂糖，或者再兌上水。檯球打乏了的維吾爾人，回民，漢人，招呼上一聲，一碗刨冰片刻就擺上了桌面。

檯球桌的中間，兩棵白楊樹，圍繞著樹磚砌著矮圍擋，正好坐人。一圈打檯球的維吾爾人漸漸散去，我才發覺坐在樹下手拿著三角球框時刻準備著碼球的主人，是一個年輕的漢人小夥子。

打檯球的維吾爾人，有些看起來很是兇悍——這實在是所有人類因少見而生的多怪——見得多了的小夥子，黝黑的臉上沒有任何表情，左右張望著，站起身來從球袋裡撿球，碼球，返身回到近前掛在樹上的小黑板前，用濕抹布擦去每桌上一局的局數，再從釘在小黑板下面的半截礦泉水瓶底裡摸出一小截粉筆，寫上新的局數——這是收錢的憑據，一局一塊錢。然後，坐回樹下，面無表情，手裡垂著三角球框。

小夥子看起來不過只有十四五歲的模樣，由始至終也沒有看到父母在身旁，怎麼就一個人在鐵干里克做起了維吾爾人的生意？

我想和他聊上幾句，但他除了在打完檯球的人問他多少錢之後，簡單地回答幾塊錢之外，沒有再和任何人說上任何一句話。我想湊近他找機會搭話，他看見我坐在了樹下，索性不再回來，只是默默地站在球桌旁，面無表情，手裡垂著三角球框。

後來路旁賣水果的河南女人告訴我，小夥子曾經說他是上蔡人。

她繼續告訴我，之所以這麼多維吾爾人閒在這裡打檯球，是因為他們大多把土地出租給漢人耕種，「比他們自己種地收入還好。」而且他們也不在本地做生意，附近買賣家的維吾爾人，都是從于田、和田或者喀什遠道而來。

我接過從她手裡遞過來的四塊錢的杏，瞥見小夥子又坐回樹下。

他為什麼會來到這裡？

我似乎不會再有答案。

上午逛了片刻樓蘭博物館。

如今若羌縣轄地之廣闊，全國第一，面積相當於兩個浙江省之巨。涵蓋整個羅布泊，東部直與甘肅、青海接壤。在其轄地之中，西漢時，西南為古婼羌，東北為古樓蘭。樓蘭後改國名為鄯善，並將國都由羅布泊西北岸的米蘭城遷至今若羌附近的扜泥城，或即為今米蘭遺址所在。《漢書・西域傳》：「鄯善國，本名樓蘭，王治扜泥城。」東漢時，鄯善兼併小宛、精絕、且末等國，強盛一時。

樓蘭、米蘭兩地遺珍，大多在烏魯木齊區博物館，若羌所遺不多。可觀的是四具成年與四具嬰兒的乾屍。最為駭人聽聞的是，展館裡的一具成年乾屍，憑空擺放在木棺內，沒有任何保護措施，只覆蓋著一塊紅布。雙腳裸露在外，我仔細觀看，確定是古屍無疑。強壓膽怯，揭開紅布，一張男人乾枯的面孔赫然出現在昏暗的光線裡，這實在是我平生最不可思議的一次參觀，空無一人的展廳彷彿陷阱一般，蜷縮成一團鬼魅般的嬰兒，失去眼球可以直視顱內枯骨的嬰兒，腳趾甚至趾甲纖毫畢現彷彿隨時會搐動的嬰兒，似乎暗示著揭開覆蓋在那具屍體身上的紅布的惡果。

也許我的魂靈已經留在那裡，而現在的我其實就是他。

我只是沒有去鏡子前證實這件事情。

距樓蘭博物館不遠，是若羌的大清真寺。

禁止參觀。

從清真寺裡走出的警察明確並且嚴厲地告訴我：「禁止參觀」。

奇怪的是，清真寺裡似乎駐紮有不少警察，淺藍色制服的普通警察，藏青色制服的特種警察，漢人與維吾爾人皆有。而嚴厲禁止我入內的，是一名淺藍色制服的漢人警察——那便不僅是信仰原因。

後來我又踅摸回去，嚴肅的漢人警察不在門外，以僥倖的態度再問一位維吾爾警察，他正躊躇間，近旁一位未著警服的維吾爾同僚堅定地再次拒絕。

維吾爾警察試著和我解釋幾句，可惜我一句也沒有聽懂。

北距大清真寺不遠，是一處農貿市場。在清冷的若羌，難得見到那麼多人聚在一起。

市場門外賣酸奶的維吾爾老人，一身中山裝，清癯挺拔。大碗的酸奶，十塊錢一碗。不敢問津，新疆的酸奶，奶必然是好奶，可酸得實在讓人受不了。

市場鐵門裡，是聚在一起消磨時間的維吾爾老人。那邊的老人像天下每一位慈祥的爺爺一樣，逗弄著自己的寶貝孫子；這邊的老人和出來進去的每一位熟人微笑著，等待著他們走過來，熱情地握手貼面，再以維吾爾語互致問候。

市場裡還是有維吾爾人的烤饢與烤包子鋪，年輕的師傅工作乏了，走出鋪位來，聚在一起燃一枝煙。

漢人的大肉鋪真是不少，不過都在市場四邊的屋子裡。敞在街面上的攤位只售蔬果，兩不相礙。

還有市場外讓人垂涎的烤肉店，大塊的金黃色的烤羊。對於我這樣的漢人而言，應當買上半隻，再來半皮囊的清酒，尋一隻闊大的碗，尋一把鋒利的刀。

大清真寺與農貿市場之間，是若羌的玉石交易市場。市場新建，內裡冷冷清清，街面上倒很是熱鬧，聚著不少維吾爾玉石商人，或在地攤或在自己開的汽車上碼放著各種玉石。

塔里木盆地東南緣的阿爾金山產玉，所以阿爾金山西麓的若羌與且末都有繁榮的玉石交易市場。

賓館有免費的早餐，全素，土豆絲、海帶絲、麻辣豆腐、煮花生、拍黃瓜、拌豆芽、泡酸菜，還有洋蔥——新疆人稱之為皮芽子——與大蒜。有一位敦實的西北口音的漢子，看起來是久住的常客，很熟稔的模樣，拿起饅頭，一撅兩半，夾一整塊紅腐乳，就著小米粥，三口兩口。

後來才知道，他就是從阿爾金山過來，在山裡開礦採玉。漢子手下有十幾個小夥子，漢子待他們不薄，每個月都要帶到若羌城裡來，理理髮，洗洗澡，好吃好住的玩幾天。

前天卻闖了禍。

去唱歌，不想年輕人都是火爆脾氣，和另一幫人起了衝突。衝突直接演變為群毆，六個小夥子被關進了派出所，兩個小夥子被開了瓢，躺進了醫院。

漢子下山的時候，身上揣著兩萬塊錢，本來怎麼都夠花銷，結果鬧了這麼一齣，撂了一萬在醫院裡，而派出所那邊要放人的話，開口就是三萬。漢子把剩下的一萬遞進去，通融通融，再等山上的猴子派來救兵。

漢子也回不去，還要照顧病床上的那兩位。他問主廚的要一隻塑膠袋，說小米粥黏糊糊的喝著好，給兩個小夥子帶上兩碗，再買幾個包子，早飯就有了。

然後歎一聲氣，背手提著一袋黃澄澄的小米粥，走了出去。

主廚的胖胖的中年女人，也是一口浙江口音。打聽起來，才知道昨天帶我看房間的小夥子是她的女婿。而她的女婿，才是這家賓館真正的老闆。

女婿的姐夫在庫爾勒做生意，又在若羌和他合夥盤下了這家賓館。女兒女婿初來若羌接手賓館的時候，也許是太年輕的原因——實際上說二十七八，但看起來不過才二十出頭的模樣，雙雙戴著眼鏡，女兒更是漂亮得像個嬌生慣養的小公主——服務員以罷工相脅，要求漲工資。

每個服務員一千四五的工資並不是個小數目，親家也做賓館生意，脫不開身。只好她們老兩口兒，放棄在嘉興做了六七年的服裝生意，萬里之遙地來到若羌，幫女婿打點賓館生意。

或者只是心疼女兒。

老伴兒開了二十幾年車，忽然改行做起了伺候人的生意，很是不習慣。她說，經常和老伴兒一起收拾房間的時候，會聽老伴歎聲道：

「怎麼會做上了這一行？」

合同簽了七年，她說，如果生意能做得下去，最少要待在這裡七年。也許更久。

她說她時常會想不通，怎麼就會來了新疆？

怎麼就會來了新疆？
背井離鄉。

2014.06.05 21:00 新疆巴音郭楞蒙古自治州若羌縣文化路與勝利路十字路口浙溫商務賓館

第五章　且末

一道不銹鋼柵把不大的若羌汽車站分隔成兩半兒，一邊售票，一邊候車。候車廳裡四張長椅靠背擺成兩排，維吾爾人、回民和漢人混坐在一起。

沒有人說話，彼此張望著，打量著，目光交匯時又轉頭掃描起別人。早晨十點有兩趟班車，北上庫爾勒的，南下且末的，我猜著倚在窗下的漂亮的維吾爾姑娘會搭上哪趟車。

她還很年輕，穿著入時。後來掏出一塊錢，走到候車廳裡出售煙草食品的櫃檯前，指著櫃檯上塑膠罐裡的泡泡糖問老闆：「有『大大』的嗎？」

老闆新刮的臉上，也是鐵青，有不俗的絡腮鬍子。但他卻是漢人，他問我從哪裡來，我也問他從哪裡來。他用右手堅定地向下指了指：「本地的。」很難相信那麼小的若羌，會有土生土長的漢人。

老闆姓馬，漢人的馬。祖籍山東，祖父輩闖了關東，就此闊別故土。解放之後，他的父親分配工作到了青海西寧。父親是個電工，有手藝，是好用的螺絲釘。不停地調動，越調動越向西，一直到阿爾金山的石綿礦——石綿礦並不僅是一口石綿礦，也是一處地名，汽車站院外就停著若羌到石綿礦的通村客車。

今天終於澈底地晴朗，清晨的陽光已經又熱又燥，穿透候車廳的窗戶，玻璃貨櫃明晃晃地刺眼。不說話的時候，馬老闆低頭看著櫃檯上的巴音郭楞日報，翻來翻去，臉上忽明忽暗。

聚在一起說話的，是熟悉的客車司機和售票員們，馬老闆不時插上幾句話。有走過來的售票員要換些零錢，電話忽然又響起，有認識的客人委託馬老闆代買十點的汽車票。馬老闆回答說買十二點吧，十點的可能趕不上了，「可能還會堵車。」不知道客人要從哪裡過來，居然還會有堵車這種事情存在。電話拿在左手上，馬老闆的那隻手似乎有先天的殘疾，只剩下些許拇指與小指，電話正好夾在之間。

後來，馬老闆的父親和單位領導吵架——不是一氣之下辭職不幹了的套路，而是直接被單位開除。沒辦法，父親翻過阿爾金山，來到了若羌。

馬老闆在不大的若羌汽車站的這爿攤位，擺了已經十二年。

馬老闆問我：「你覺得我們新疆怎麼樣？」

「我們新疆美嗎？」

「我們若羌挺好的，生活安逸。」

馬老闆去過北京，知道那裡有要命的堵車與霧霾。他說他喜歡若羌，「小，但是安逸。」

我相信他喜歡若羌，他是新疆人，若羌是他的家。

但也許是他離不開若羌。

若羌是新疆與青海的交通孔道，來也是這裡，去也是這裡。

再向南，深入南疆，不回來，便怎麼樣也離不開新疆了。

所以庫爾勒去若羌的客車上，大多數是漢人。而若羌來且末的客車上，不再有其他漢人。甚至司機，也是維吾爾人，阿不都外力。

所有乘客裡，我不得不說起的，是坐在我側後方的中年男人。

小時候喜歡看的電影裡，有一部義大利與蘇聯合作拍攝的喜劇片，《義大利人在俄羅斯的奇遇》。電影裡有一個想要兒子繼承父業，結果妻子卻給他生了一窩丫頭的大鬍子黑手黨，馬非奧佐。一個滑稽可笑的壞人，在飛機上扔了醫生的護照，逼瘸子踢斷了自己的好腿，是那種只要不衝你作惡你就會喜歡他的壞人。

坐在我側後方的中年男人，模樣像極了義大利黑手黨。

我身後的馬非奧佐卻是一個好人，和每一個人說笑，笑起來的時候小眼睛眯縫起來，實在不像是一個維吾爾人。

客車在瓦石峽鄉客運站停車候客的時候，我們都險些錯過了忽然啟動的客車，一起追上去，歡笑著跳上車，彷彿這是一件很有趣的事情。

瓦石峽鄉是出若羌前，三一五國道近旁的最後一處綠洲。

因為瓦石峽河，戈壁與沙漠忽然換作白楊林，鄉鎮隨公路而建，一片喧囂。而且，我以為愈南愈少的漢人，忽然又多了起來。楊三滷肉店，河南飯店，車站門外的小賣部，還有客運站場院後一排平房其中的管理處。

管理處裡住著一對父女，場院的角落裡，一間簡單的廁所就歸他們管理。廁所外空棄的土地上，全不浪費地種著些蔬菜。廁所是收費的，每人每次一塊錢。如果有客車票，可以免費如廁。女兒守在門外的過道，收錢，或者檢查車票。

瓦石峽鄉來且末的乘客很多，依然都是維吾爾人。原本空著一半的客車，片刻擠坐得滿滿當當。有一位穿著鮮紅外套的胖胖的維吾爾女人，和我一樣直磨蹭到客車將啟動時，才決定去趟廁所。姑娘問她要錢，她說她有車票，可是當姑娘想再看一眼她的車票的時候，她卻不耐煩地嘟囔著甩手走開。

些許的嘈雜驚動了屋子裡的父親，走出門來探看。女兒求助般地告訴父親發生了什麼，父親看著似乎頗有些地位的紅色女人的背影，沒有說一句話。

就像客運站外路旁許多的漢人民工，瓦石峽鄉的漢人大多似乎只是在做著些最卑微的營生。

當然，生活艱難的自然也有維吾爾人。最後才提著幾隻烤包子跳上車來的買買提明・艾力，剛擠坐在我身邊，我便聞見了包子香味也掩蓋不住的異味。他似乎已經很久沒有沐浴，因為赤腳穿著皮鞋而裸露出的腳踝與手，都積滿泥垢，頭髮蓬亂。

買買提明是一個聰明的人。

二十五歲的他，是于田縣木哈拉鎮人，我本以為他是要回且末再轉車于田回家，沒想到他和馬非奧佐卻同在且末郊外的巴格艾日克鄉下車。沒有行李的他，搭上一輛在路旁等候著他的三輪摩托，向鄉里深處而去。

他只有一部老舊的廉價手機，對我的相機以及用來筆記的平板電腦充滿興趣。把身體探過來，看著我拍攝，再盯著顯示螢幕期待著我回放給他看。

後來他看見我把鏡頭向後給馬非奧佐拍照，主動靠在我身上，示意我拍攝了我們的合影。我想著以後把照片寄給他，可是不論怎樣說明，他始終也無法理解。

買買提明似乎完全不懂漢語。

出瓦石峽鄉客運站，司機收走了所有乘客的身分證。在其後不遠的吾塔木村民委員會前，所有身分證經過了一處公安流動執勤點的檢查。

我忽然想起了剛發還回來的身分證，我示意買買提明把他的身分證給我，我可以按照上面的地址把照片寄給他。

害怕出錯，我直接用相機拍攝了他的身分證。

他樂此不疲地看著我回放新拍攝的窗外戈壁與固沙草甸，直到我回放出了他的身分證照片。

他示意我想自己看看，接過相機。讓我吃驚的是，他嫺熟地再次回放到自己身分證的照片，放大檢視，摁動刪除按鈕，然後在觸摸螢幕上顯示的「單張刪除」、「多張刪除」與「全部刪除」的漢字提示中，準確地點擊「單張刪除」——他很聰明，他應當是看見我幾次如此操作，便已經學會。

買買提明把相機還給我的時候，我有些尷尬。

更多時候，歧視是源自於社會地位的不平等，在將種族與民族代入這種不平等之前，我想大多數人並不僅僅因為種族與民族的不同而心生歧視。

就像紅衣女人不屑守廁所的小姑娘一樣，她可能頗有地位，在客車過道與我擠身錯過的時候，也因為不滿而用維吾爾語狠狠數落了我幾句。她可以如此，必然不會是因為她的民族，必然是因為她的地位。

一如所有官老爺輕蔑平頭百姓那樣。

如今在新疆，「改變幹部作風」已經是一句常見的口號。幹部們首先因為是幹部而頤指氣使，然後才因為民族的代入，導致了民族矛盾。

當我在客車上聽著坐在最後一排的紅衣女人大聲和同座聊天的時候，頗有些厭惡，但是買買提明的動作，忽然讓我驚覺，這種行為似乎根本就是人性，而非黨性。

我會未經允許便隨便地去拍一個和我社會地位平等甚至遠高於我的人的身分證嗎？

不會。

那我為什麼去拍買買提明的身分證？

也許我自以為我有一個良好的動機，但是我的行為的動因，無疑是我在潛意識裡因為他社會地位低下而造成的窘迫，而把他當作一個可以隨意擺布的無知的人。

我並沒有我自以為的那樣尊重他。

我自以為謹慎，仍然難免如此。同民族聚居的內地，街坊四鄰的糾紛，大約不少也是源自如此的雞毛蒜皮小事。可是在新疆，在民族混居普遍的新疆，這樣的事情日積月累，人與人的彼此厭惡，很容易代入民族標籤而成為民族與民族之間的厭惡。而在目前民族對立情緒激化之後，不良效應又會被成倍甚至幾何級放大。

那麼剩下的，無非就是被誰來加以利用的問題。

一如我一直以來的悲觀論調，不是每件事情，都一定會有解決之道的。

車爾臣河，是我此次入疆以後，看到的第一條波濤洶湧的河。

紅衣女人在車爾臣河不遠處的塔提讓鄉下車，隨後就是且末，維吾爾特警守在客車門外，再次收走每個人的身分證，逐一聯網查驗之後，發還放行。

且末遠比若羌熱鬧，東西向的主幹道埃塔路與文化路十字路口，是且末最繁華的老城中心。十字路口西北，是新建成僅六年的且末大清真寺。從客運站走回清真寺門前，週五主麻日的大禮拜即將開始，幾乎全城的穆斯林從四面八方湧來，清真寺門外的摩托車與電動車，成千上萬。

而與清真寺隔街相望的，是幾車荷槍實彈的武裝警察。路過他們身後，我恰巧有掏出手機看時間的舉動——下午兩點到達且末，全程四個小時——被武警誤以為是拍攝的動作，立刻將我截停，一位戴著墨鏡的魁梧且英俊的維吾爾特警，頗為友好地提醒我禁止拍照。檢查手機裡確實沒有拍攝他們的照片後，無事放行。只是全過程，有一位武警手持小型錄像機予以記錄。

意外事件，卻讓氣氛加劇緊張。

且末的漢人，大約只有河南人與四川人，又以四川人為多。詢問的兩家賓館，主人無不是一口濃重的川音。

賓館前臺的姑娘，自貢人。很是健談，她從烏魯木齊來且末兩年，安家在這裡。說起之前的意外，她說只是因為最近特殊時期的緣故。

「只要不去和田、伽師那些地方就還好。」

不幸的是，我恰恰要去和田，而且出客運站時便買好了明天去民豐的客車車票，那裡已經屬於和田地區。

自貢姑娘說，前幾天來住宿的幾位和田維吾爾旅客說，現在和田的情況是只進不出，他們申請了一個月，才得到出和田的許可。

姑娘伶牙俐齒，又是言之鑿鑿，由不得人不相信。

為求穩妥——和田一定是要去的，但是不能困身不前——姑娘建議我去派出所打探一下，並且詳細地告訴了我自首路線。

某某派出所，院門緊鎖，門前有護欄與隔離礅。不得入內，院內執勤的協警似乎也說不出所以然。恰巧一名配槍的漢族特警回來，聽聞我關於和田只進不出是否真有其事的詢問，明確地告訴我：「是的。」

我解釋我的旅行，意思是必須去到喀什以便搭乘飛機出疆。

「那你回庫爾勒吧。也有飛機場。」

我繼續編造我已經買好喀什機場機票的事實。

大約特警見有草民不畏死，也不便再以死懼之，只好實情相告。

和田的情況似乎不妙，「如果你們自駕，可以不停車地越過和田。」他建議道，「如果一定要進和田，汽車站附近比較危險，總之可以進出，也有住宿。」

「那麼，好自為之吧。」

我信命運主宰吧，正如我買到入疆火車票的日期，是五月二十一日。

再晚一天，我便會在那個早晨怯懦與放棄了。

且末，西漢為且末國。且末縣轄境內，亦曾有小宛國。《漢書・西域傳》載：「且末國，王治且末城，去長安六千八百二十里。戶二百三十，口千六百一十，勝兵三百二十人。」至於且末城城在何處，如今依然成謎。東漢，屬扜彌，再為鄯善兼併。

與且末恢宏的縣政府隔廣場而對的，是且末縣文物局，一樓兼作且末縣博物館。

陳列文物，大致以且末國時代出土為主，包括兩具且末乾屍。保存最好的且末乾屍，也在烏魯木齊區博物館，縣博物館展出的，已有多處白骨化。乾屍身上密布嵌入肌膚的戈壁砂石，彷彿患有嚴重的皮膚頑疾，實在令人心生嫌惡。

草草而出。

傍晚，大禮拜早已散去，大清真寺又恢復寧靜。

守門人與另一位維吾爾老人坐在大門左右執守。我想進去看看，但是被守門人很是不耐煩地拒絕。門外站著幾個閒聊的維吾爾人，正中一位，氣宇不凡，似乎是頗有地位的阿訇。阿訇不苟言笑，幾位幫閒的維吾爾人卻樂得讓我進去看看，示意不要搭理守門人，徑直走進去就是。守門人探身看了看他們，似乎得到了阿訇的默許，也便不再阻撓。

只是，限定我不得走出門樓下的穿廊，也不得拍照。

奇妙的是，大清真寺對面臨街的店鋪裡，居然有一家明顯曖昧的足療按摩店。就在之前門前站滿武裝警察的時候，也依然開著門，生意照做不誤。

守在臨街屋子裡招呼客人的女老闆，同樣的川音，閬中人。氣氛如此緊張，生意十成空了九成，有些無精打采。她離開蜀地入疆的時間，和我離開安徽去北京的時間一樣久，十五年。

她在新疆的第一站，是庫爾勒，做著洗浴中心的生意。後來因為丈夫的兄弟在且末，不斷煽動與鼓舞，從庫爾勒遷來且末。丈夫兄弟倆在靠近若羌的地方承包了一塊土地，種起了若羌特產的紅棗。

她們的孩子出生在新疆，全家戶口也落在新疆，她已經是新疆人。只是說起家長里短來，依然是「我們闐中」——「一個在我們闐中最漂亮的女人，某夜忽然被吊死在自家的房梁上，而從她的屍體上，卻檢出了七個男人的精液。嘖嘖。」

她說現在生意難做，雖然且末連續十幾年都是平安無事的太平地界，但是出事之後，人們不敢來了。

偶爾還能光顧她的生意的，是些出差來且末的外地人，漢人，維吾爾人也有。「昨天晚上就來了幾個維吾爾人，做大保健。說現在生活好了，可是沒有什麼消遣。」

她說，且末的維族，都是好人。

2014.06.06 21:21 新疆巴音郭楞蒙古自治州且末縣文化路 華興賓館

第六章　民豐

且末客運站自有生財之道。

且末到民豐，車票以里程計算的價格是六十九塊錢，與若羌到且末相當。但是且末客運站上午發往庫爾勒、于田與和田的三趟客車，全部換作臥鋪客車，沒有座票，於是到民豐的價格，便陡漲至九十三塊錢。

赤腳上車，每人提著兩隻鹹魚般的鞋子躺在鋪位上，客車裡慘絕人寰。汗臭、腳臭、狐臭，鼻子簡直願意獨自下車，徒步走去目的地。途中照例又有下車上車，包括在農二師三十八團與民豐縣城外的兩次身分證查驗關卡，臭氣不斷地被攪擾起來，實在不是一段令人愉快的旅程。

而且，車窗外的世界，像車窗內的世界一樣污濁。離開若羌綠洲不遠，起風揚沙，戈壁灘上一片昏黃，一陣又一陣的風沙襲來，車窗外的每一個褶皺裡，都積滿了黃沙。

蘇塘，三十八團團場所在地，建設得頗為現代化。通往團場的主幹道入口，有路卡與武裝守衛。但是左右，沿著三一五國道搭建的店鋪，看起來破敗不堪。還是那些謀生的機會，餐館、修車鋪、小賣部、招待所，人們像黃沙一樣，積滿每一處可以謀生的褶皺。

徒步通過關卡，等待客車安檢放行，後來上車的用一部蘋果手機的中年維吾爾男人，衝我無奈一笑，一邊收起身分證，一邊和我說：「後面，于田、和田，還有，沒完沒了。」

嚴防嚴控誠然是必要的，只是就公路客運而言，實際操作起來，漏洞百出。警方的用意，無疑是防止恐怖分子通過公路客運流動，在客運站加強安檢，兩地之間一般還會有兩處查驗關卡，半途與進入城區處。但是，警方並不限制客車在途中隨意上下乘客，而此類乘客又全然不予安檢。那麼，再愚蠢的恐怖分子，也知道該如何利用漏洞：在客運站外搭車，在關卡前下車，抄小路或直接經由戈壁繞行關卡，再搭車前行；如果是運輸違禁物品，同樣在站外搭車，下車時人貨分離，再由同夥過關卡後搭車，下車時取貨。總之，如此疏忽的操作，以我看來，實際作用有限，反而是讓絕大多數的良善百姓因此心生不滿。

由若羌至民豐，三縣已查驗身分證五次。其中三次是由司機或警察收走全部乘客身分證後，查驗後再予返還，這種查驗方式實在讓我提心吊膽，一旦中間環節錯拿，極易丟失身分證——這在新疆將就此寸步難行。

所以，為民生計，增發一張或數張備用身分證，實在是當務之急。

民豐，縣轄之地，北為西漢精絕國，南為小宛國。《漢書・西域傳》載：「精絕國，王治精絕城，去長安八千八百二十里。戶四百八十，口三千三百六十，勝兵五百人。」又載：

「小宛國，王治扜零城，戶百五十，口千五十，勝兵二百人。」今民豐縣城所在尼雅鎮，為精絕國地。精絕國，東漢時為鄯善國兼併。

精絕城，後稱尼雅。玄奘法師《大唐西域記》中記為「尼壤城」：「媲摩川東入沙磧，行二百餘里，至尼壤城。週三四里，在大澤中，澤地熱濕，難以履涉。蘆草荒茂，無復途徑，唯趣城路僅得通行，故往來者莫不由此焉。而瞿薩旦那以為東境之關防也。」

那座唐時仍在蘆草澤地中的尼雅城，已遠在今尼雅鎮北三百里的塔克拉瑪干沙漠之中。滄海桑田。

如今的民豐綠洲，依然是我一路來此，所見最美的綠洲。在尼雅鎮北，三一五國道二一三四公里里程碑以後，忽而水草豐美，許多水泊，無數羊群。難以想像，片刻之前，還是戈壁黃沙。

雖然濕地之上，還有風沙，但是不再蒼涼。是水草豐美的牧場，有無數的羊，卻不見有牧人。水泊深處，還有村莊，地圖指示的其蓋里克艾格勒村，是最近的。

有白色長髯的老人，在水草間悠然遠去，恍惚間，他是要遁去那遙遠的尼雅？

民豐為後起之名，初見民國三十二年改置賽圖拉設治局為民豐設置局，三十五年升為民豐縣。

總不如尼雅別緻。

客車的終點站是于田，我在民豐客運站外的國道邊下車，略去了一道出站查驗身分證的繁瑣。

民豐彷彿若羌，街道疏朗寂靜，只是沒有若羌繁華。縣城沿著三一五國道而建，一道轉折兩條街，僅此而已。轉折處的十字路口正中，有一座一九六八年八月建起的毛澤東語錄碑，形如朝鮮永生塔，基座飾以向日葵，頂部為紅旗鑲嵌毛澤東頭像，東側碑文為「自力更生，艱苦奮鬥」，西側為「領導我們的事業的核心力量是中國共產黨。指導我們思想的理論基礎是馬克思列寧主義。」南北兩側為對應的拉丁字母老維吾爾文譯文。

難以想像，在西域邊陲小城，居然還能有如此一座保存完整的文革遺物未遭滌蕩。賓館裡烏魯木齊來的銻礦老闆說，和田地區，民豐民風最好，似乎確是如此。

銻礦老闆的興趣，總會回到賓館前臺漂亮的南充姑娘身上。他的銻礦在距民豐縣城三百多里的崑崙山脈之中，海拔五千多米的高度，只有這個海拔上下才會有銻礦，他告訴我。因為大多是高海拔山路，所以三百多里的路途單程要花上十幾個小時才能到達。

因此大多數時間，他就住在民豐縣城的賓館裡。每和我說上幾句話，他都要再找南充姑娘說上幾句——頗為貼心的話，關心她能否吃得慣櫃檯上回民餐館送來的羊肉面，那是她的午飯。

辦理入住手續的時候，南充姑娘提醒，雖然賓館裡可以上網，但是QQ、微信和微博都是登錄不了的，整個和田地區現在都是如此。她自己用的民豐的電話卡，也是如此，但是我的北京的電話卡似乎不在此限，倒是連通順暢。

後來，銻礦老闆索性坐在了櫃檯前，我也自去尋找我的午飯。

語錄碑東北角，有一家烤肉店，只有十塊錢一串的大串，不另用烤架，立在饢坑四壁烤熟。

因為整體受熱，所以用的是銅釺，不像之前在且末，是用紅柳枝穿成，僅僅因為這點特別，我昨晚要了兩串加一隻烤饢做我的晚餐，一如今天中午在民豐的午餐。

大串上的羊肉，如何穿制，是有講究的。肥瘦的肉塊最多，其餘會添上兩塊羊尾油，一塊羊骨，加一塊顏色深紅類似牛肉的不知何許肉塊。肉塊大多有五釐米見方，很難完全熟透。肉串碼在饢上，片刻工夫，饢上已有肉塊中滲出的血水。太薄的小饢，血水更會透過饢上花紋中戳透的小孔，流在盤裡，很有茹毛飲血的豪邁。

只是如果胃口不夠粗壯的話，難免積食難消。

且末烤肉的小夥子很是熱情，一把紅柳枝做釺的大串舉在手裡，獵人炫耀手中獵物頭顱般，示意我拍照紀念。坐在烤爐旁，穿肉的女孩子咯咯咯地笑了起來。我想那個姑娘是他的妻子吧？否則他不會一邊烤肉，一邊得空就坐過去，打鬧歡笑。

比較而言，民豐的饢坑烤串不如且末的炭火烤串味美。但是在民豐，一串大串配一隻小饢，如同定食，是專門的吃法。

饢在饢包肉鍋裡蒸軟，以饢包住肉串，握緊，把肉塊從銅釺上捋下。再撕開一小塊饢，包起肉塊或者就著肉塊而食。烤肉店裡所有的維吾爾人都是如此吃法，不用囑咐，老闆會根據肉串的數量配上相同數量的饢。再多的肉串，也是一起捋下，高高地碼在一疊饢上，幾個人風捲殘雲。

還有一壺茶。從茶磚上掰下一塊，黑色滿是雜質的碎茶，扔進銅壺裡，沏上開水，片刻便有了有著濃烈木香的磚茶。

以此解油膩。

前面的中年維吾爾女人，身形早已如桶，但仍然不舍棄肉串上的那兩塊羊尾油。拇指長的一塊純粹的羊脂肪，夾在一片饢裡，細細吞下。

有些油膩，再釅的磚茶怕也無可奈何。

民豐的街道上，漢人的數量遠遠超乎我的想像，比例甚至高過且末。

而且更多的是定居於此的漢人，有老人，有更多的孩子，穿著民豐中小學校校服的孩子，坐在父母的電動車上，或者牽著爺爺奶奶的手，慢慢地朝家走。

即便不看容貌，也能分清楚這些孩子的民族。維吾爾人的孩子們，幾乎都是自己在走。撒著腿兒，像戈壁灘上受驚的羊。是不畏懼的，不怕生的，更不知道害羞為何物的孩子，就像那年在吐魯番的二堡鄉，只見著我張手便從高高的貨車圍擋上撲跳進我懷裡的維吾爾孩子。

計畫生育，讓只有一個孩子的漢人，變得畏首畏尾，膽小如鼠。

失去一個即失去全部，是不可承受的。

就像那個孩子和同學悠悠走在後面，三米外便放心不下的奶奶那樣，走兩步，停下來，回頭看。

忽然，我就感覺像是回到了家鄉：

老奶奶快走兩步，顫巍巍地彎下腰，撿起了地上的一隻空瓶子。

塞進裝滿黃瓜與西紅柿的塑膠袋裡。

2014.06.07 20:55 新疆和田地區民豐縣蘭塔北路 寶瑞賓館

後記：現在，沙塵暴驟起，路燈下的民豐縣城一片混沌。人在屋裡，灰塵依然灌進嘴裡，空氣中迷漫著刺鼻的土腥味。

維吾爾旅客　若羌至且末長途客車

毛澤東語錄碑　民豐

第七章　于田

在塔克拉瑪干沙漠之南，在塔里木盆地南緣，許多綠洲之間，三一五國道也許是最為平順的地面。

於是流沙在路面跳舞。

不像那天，從庫爾勒去若羌的路上，流沙像是受驚的河，飛快地淌過二一八國道，一道又一道。而今天，從民豐來于田的路上，流沙盤桓在三一五國道的路面上，氤氳的水汽一般，蠕動著，連綿成片。只有汽車車輪的碾壓，才能讓流沙閃躲開來。否則就像水花被濺起，拋向空中，再被風卷走。

只是片刻，車廂裡一疊鑲的包袱上，已經積起了一堆沙。胳膊上，像是汗水蒸發後細密的鹽屑，輕輕撫過，滑膩的一層，總也撣不淨。

從若羌以來，有了第一位同行的漢人旅客。

五十多歲的婦人，斯斯文文的，獨自走上車來——只是一輛小型客車，似乎往來民豐與于田的旅客並不多——不言不語地坐在我身後的座位上。時間還早，只有過道前兩排坐著旅客。維吾爾人在左，漢人在右。

遂寧人。依然一口川音，讀「遂」為「續」，問我「曉不曉得『續』寧？」我回答我不僅去過遂寧，而且還去過射洪，還知道你們遂寧人和射洪人彼此不對付。她會心一笑。她來于田，是為了幫兒子帶孫女。「是孫女。不是孫子。」這似乎讓她多少有些懊惱。但是兒子卻毋庸置疑是她的驕傲。兒子原本在阿勒泰當兵，邊防部隊，條件艱苦。退伍以後，自己考試，考到于田當了一名小學教師。「父母沒有本事，他是全憑自己。」做母親的補充道。可是兒子還是心有不甘的，試著調回民豐或者有更好的前途，「那也只有靠他自己了。」

媳婦也在于田，中學教師。機緣巧合，兩個人同年同批次前往天津培訓——天津對口支援于田縣，于田有天津工業園區，許多前往內地培訓學習的于田人也大多都在天津——認識了，相愛了，結婚了。

兩年前結婚，現在女兒才剛一歲。正是離不開人的時候，她只好經常奔波民豐與于田之間。

她來民豐，已經三十三年，大半生的時光。

如此改變一生的決定，說起來卻是輕描淡寫。介紹的，嫁過來，僅此而已。她的丈夫是援疆幹部，她嫁給了他，隨他定居在民豐，從此一生。

「全都是土坯房子。」她說她一九八一年嫁過來的時候，民豐實在太窮了，什麼都沒有，「只有三千多人。」

現在和她不常回去的遂寧老家一樣，變化太大了。她的父母還健在，還在遂寧，老父親八十多，老母親七十多奔八十。弟弟開了一間農家樂，生活也越來越好。

她微微探身向前，左手搭在唇邊，以免近旁的維吾爾人聽見：「弄好了，他們還要鬧，真是不可思議。」

于田，借用了和田的古名。

于田，本作于闐，每日必修的《漢書・西域傳》又說了：「于闐國，王治西城，去長安九千六百七十里。戶三千三百，口萬九千三百，勝兵二千四百人。」是極大的一座城邦之國。只是，于闐所在，在今和田，而非于田。

于田，西漢時為扜彌國地，「扜彌國，王治扜彌城，去長安九千二百八十里。戶三千三百四十，口二萬四十，勝兵三千五百四十人。」是曾經極為富庶的城邦，人口雖與于闐相當，卻有能力供養更多的兵卒。可惜東漢以後漸趨衰落，三國時反被于闐併吞。

如今于田轄地，南部曾另有一戎盧小國，「戎盧國，王治卑品城，去長安八千三百里。戶二百四十，口千六百一十，勝兵三百人。」國小人微言輕，不表。

扜彌綠洲之富庶，自然離不開流經綠洲的河，克里雅河。

克里雅河河道寬闊，季節原因正處於枯水期，但仍然不像其他許多沙漠綠洲的河——包括民豐以南的尼雅河——那樣完全乾涸，河道裡有斷斷續續的水流，水泊，而在河谷近旁，居然還看見了壟畦分明的水田，片刻宛若江南。

如此田園的景象，讓于田予人的第一印象，是舒緩的。乍看起來，似乎也的確如此，庫爾勒以來，于田是檢查關卡最少也最為寬泛的地方。于田縣城外的檢查卡，僅有一名維吾爾特警上車來大略查看一番，沒有仔細查驗每個人的身分證，只是把一位手持紙質臨時身分證的維吾爾乘客帶進檢查站聯網查驗，其餘乘客輕鬆放行。

而且，于田客車站也不再有第二道的身分證查驗，候車廳與場站隨意進出，一如近旁的巴扎。

官方統計的數據，于田的維吾爾人口比例高達百分之九十八，大約是基於恐怖分子只襲擊漢人目標的考慮，所以原本以為風聲鶴唳的和田地區核心地帶，反而異乎尋常的平靜祥和，實在出乎我的意料之外。

于田百分之二的漢人，似乎百分之百地聚集在縣城玉城路一帶。尤其是玉城西路菜市場左右，簡直形如漢城。

菜市場裡一多半的商戶是漢人，經營日用雜貨，以及漢人必需的食物，豬肉，各色火鍋調料——四川人必需的食物。漢人自然無法離開此處，於是每日生活的線索，必然有此一點。

漢人的店鋪，大多在菜市場的右手邊，維吾爾人的店鋪自然在左手邊。音像店，服飾店，以及永遠不會沒有的烤肉店。

烤肉店老闆的小女兒，寸步不離地跟在哥哥屁股後面，像是調了個兒的蘇比努爾與穆斯塔法。小女兒太漂亮了，我不由分說地要拍她，她茫然站定，嚇得媽媽都走了過來探查究竟。

菜市場對面的浙江賓館，地處漢城核心地帶，自然不愁賓客入住。設施陳舊之外，溫州老闆也忘了溫州人的生意經，神情漠然，物我兩忘。老闆本來是想注冊「溫州賓館」的，可惜卻被別人捷足先登。所以，不論天下是誰的天下，天下總少不了溫州人或者浙江人的一分天下。

原本新疆漢人天下兩分，換作三足鼎立：四川人，浙江人，還有河南人。

在菜市場的菜市場裡——真正賣菜的一片空間——維漢兩族的商販各占一半。漢族的菜販，大多是河南人。我乍從門前經過時，看見一位穿著淺色短裙與高跟鞋，容貌俏麗的姑娘，我以為她是來買菜的闊小姐。再進菜市場時，發現她赫然站在一家菜攤的後面，和攤前買菜的姑娘，聊得正歡。

另一個穿著洗得有些發白的黑色運動裝的姑娘，家境似乎頗為艱難，挺著懷孕的大肚子，似乎行將臨盆，可是依然自己在逛菜市場。在後門邊的維吾爾菜販攤前的一筐黃瓜前，仔細問著價格。「十塊錢？」「一公斤？」「五塊錢一斤？」維吾爾菜販不還價，她摩挲著幾根黃瓜，欲言又止，還是作罷。沒有捨得買。

菜市場外面，玉城西路路旁的店鋪，有一家雜貨店，招牌寫著「玉素份店」。店旁是一家摩托電動車修理店，店主是維吾爾人。工地上過來的河南民工等著修理自己的電動車，電動車被拆得蒼茫一片，民工被維吾爾老闆說得蒼茫一片。玉素份店的女老闆過來，告訴民工：「你的電瓶沒有電了。」民工辯解道：「昨天還好好的呢？」女老闆居然用流利的維吾爾語翻譯給維吾爾老闆，然後索性做起了同聲傳譯。我自然少見多怪，驚為天人，駐足打聽，才知道女老闆從河南商丘到于田開店不過五六年時間，卻已學成與維吾爾人交流無礙的維吾爾語。「不學咋做買賣呢？」她說。

無論境況如何，這些堅強謀生，堅強生活的人，實在令人心生敬意。謀生於此，並不容易，離家萬里，風沙酷暑。

遂寧婦人和我說：「當然還是『續』寧好。可是怎麼辦呢，來到這裡，就要努力活下去。」

沒有誰的生活是容易的。

背井離鄉的漢人如此，安土重遷的維吾爾人同樣如此。

卡魯克路路南，以艾提卡大清真寺為核心的于田老城，不僅沒有漢人居住於此，甚至不見漢人。臨街的商鋪，大多是以烤肉為主的維吾爾食檔，只有通往塔乃貝西清真寺的路口旁，一家鐵匠鋪，似乎還是老城一直以來不曾改變的店鋪。

鐵匠很老了，生活很苦，穿著的灰色襯衫，袖子早已經被飛濺的鐵渣燒得千瘡百孔。一雙拖鞋，變形的雙腳勉強塞在裡面。沒有生意的時候，老鐵匠就坐在攤位後面暗無天日的裡屋床上，那就是他的家。

街坊有兩隻鈍了的鐵鐮要修整，煅燒，鍛打，淬火，粗磨，精磨，大費周張地勞作下來，賺得十六塊錢。旁邊騎著摩托車過來的小姑娘，估計是哪家烤肉店的女兒，帶著兩把豁口了的切肉刀，打磨一下即可，片刻工夫，可是小活兒也就兩塊錢，微不足道。

清靜下來了，老鐵匠關了電機的電源，弓腰又回到裡屋，靜靜坐下。乾瘦地隱藏在黑暗裡，如果不是一雙白色的瞳仁，什麼也看不到。

大清真寺附近的艾提喀爾村、吾斯塘拜什村和塔乃依貝希村，與內地北方許多的貧困農村並沒有什麼不同，除了新時代的口號，基本看不到新時代的存在。

土坯房是構成村落的基本建築，在這樣的揚沙天氣裡，片刻走得灰頭土臉。村子裡的道路太過曲折，似乎漢人用漢字造就了漢人對橫平豎直的偏愛，維吾爾人用阿拉伯字母寫就的維吾爾語，街巷像外語族人對阿拉伯字母的印象那樣，全無頭緒。

街巷裡是孩子們的世界，斯文的以及調皮的，一併彼此打量著。我報以微笑，或者說你好，基本上沒有反饋。後來我尋著屢試不爽的驗方，Say Hello，幾乎每個孩子都會回報以另一句「Hello」。

于田的維吾爾人，似乎很少有可以說漢語的，而且也聽不懂漢語。

于田最常用的交通工具，是加掛斗的農用三輪車，拆去兩側的圍擋，左右坐人。每人兩塊錢，大概縣城哪裡也就到了。我本想去克里雅河，可是找不著一個懂漢語的三輪車司機。索性隨便跳上一輛，指著來時的方向而去，可是在客車上不覺路遠，摩托車上卻總也走不到，越來越偏僻，擔心回來的時候尋不著交通工具，只好作罷。

後來在城裡，依然沒有辦法和三輪車司機們說清楚我的目的地。好在第一，浙江賓館就在于田商業步行街附近，我可以指著方向大叫「巴扎」，如同一個憤怒的日本人；第二，我屢有旁觀青海撒拉人的禮拜，可以和司機做出標準的禮拜動作，於是他把我準確地帶到了大清真寺。

我在某某村堅定不移地遊蕩，終於讓我結識了第一位于田的維吾爾朋友。或者毋寧說，是他結交了我。身為小學教師的亞森江可以說漢語，正站在家對門的街坊門前，準備送街坊家的三位女眷回家——他有一輛汽車。

等待著女眷們辭行的時間，我們已經聊得很是投機。他索性邀請我搭他的汽車，在村子裡逛逛。三位女眷帶著一個孩子都擠在後排，全部一襲黑袍的她們似乎也不便坐在副駕駛的位置上。

某某村的深處，如果不是揚沙天氣，有藍天白雲的時候，一定更美。安靜，有疏朗闊大的白楊林，孩子們坐在門外的樹影裡，一身泥土。

回來的時候，去他的家裡做客。他的父親正在禮拜，若我進門，勢必將從他前方穿過。正躊躇不前，亞森江示意我無妨——他的不忌諱，也許是因為他公職人員的身分，不被允許進清真寺，不被允許做禮拜，於是多少有些無所謂。

亞森江的家庭算是富裕的，也做著餐館的生意，汽車也是他的父親出資贊助。他大學畢業以後，因為沒有好的工作，再去當兵，部隊在石河子。他說他應當留在部隊裡的，現在也許更好——總比回來後只考到一名小學教師要好。

家是三間北向開門的平房，大而且高。東廂父母的主臥室裡一張巨大的炕，甚至可以並排睡上十幾個人。卻沒有開窗，一台櫃式空調調到十八度的低溫，在這樣的盛夏，陰冷的屋子總是很舒服的。

只是做完禮拜的父親，卻獨自坐在狹長的院子裡的床上，閉目冥思。

西廂的臥室與炕都要小很多，內裡再隔出一間，作為冬天燒火取暖的火房。煙道把潔白的牆壁熏得烏黑，看來西廂臥室是很少住人的，他自己和妻子住在隔壁新建的屋子裡，還沒有孩子。

他問過我的收入，我一般都會打折說得很低，和亞森江說得更低。後來，他主動告訴我，自己一個月的工資大約在四千塊錢，比我告訴他的我的收入略高，這的確是一種會讓人開心的小伎倆，這麼些年的旅行似乎讓我變得越來越油滑。

他卻坦白著他的高興，坐定以後，問我他們家的條件還不錯吧？確實不錯，這是真心話。

有些事情，是陌生人之間不能討論的。

漸漸地熟悉，以及密閉的舒服的屋子，會讓我們說起那些我們真正關心的事情。

比如他問我的，「你來這裡害怕嗎？」

「你們可以拿到護照出國嗎？」

以及更多的，我不能寫在這裡的問題。

他說，我開著汽車在縣城裡繞一圈，會被查三次身分證。

還有加油的事情。

沒有到達克里雅河的出城，看見在國道邊的加油站外面，聚集著近百輛摩托車，同樣數量的維吾爾人圍在加油站入口處的一張書桌前。我知道這種限制汽油銷售的舉措，不用他解釋，我告訴他內地同樣曾經有過如此高人妙招。

似乎難兄難弟的境遇，會讓我們彼此之間減少些隔閡。

但是隔閡，卻像克里雅河那麼寬闊般地存在著。

所以越來越久的，我們只能歎息與沉默。

後來他說，在于田的漢人都是好人——我想他可能指是學校的漢人同事，比如遂寧婦人的兒子。

他們能理解我們。

2014.06.08 22:42 新疆和田地區于田縣玉城西路 浙江賓館

後記：現在，沙塵暴又起，不知何時能休？

第八章　于田・和田

一路而來，和田是與我想像反差最大的城市。那麼繁華，那麼喧囂，還有那麼多的漢人，這讓之前的所有的擔心變得像是一個笑話。圖便宜，住在北京西路一家維吾爾人經營的賓館裡，條件簡陋，一切白色的布製品都是髒的。沒有網絡，沒有空調，甚至一台積滿灰塵的電扇也是壞的，而且無可替換。當然，完全不懂漢語的維吾爾服務員也聽不懂我的請求。賓館裡沒有其他漢人居住，客房裡只有維吾爾文印刷品，電視裡多半也是維吾爾語頻道。

臨近的和田市街心公園，是和田的核心商業地帶，有許多漢人經營的賓館，不乏極高檔的，江蘇與浙江賓館。地上地下的商鋪，多半也是漢人的買賣。生意好的，自然忙碌著；生意清冷的，也是全無異樣地消磨著時間。沒有更多的緊張氛圍，除卻街頭武裝巡邏警察的步槍上，又加裝了刺刀。

生活平靜地在繼續。

——寫到這裡，傍晚的一碗羊湯加一張饢已經消化殆盡。每天寫遊記並不是一件輕鬆的事情，在必須入睡之前，大約只有三個小時。時間原本已經緊張，如果思路卡住，簡直會心生恐懼。剩下的時間越來越少，想說卻說不出來的話依然還有那麼多。我幾次想放棄。我幾次已經放棄，在俄羅斯，在越南。

索性趁著夜色出門覓食。只有北京西路與文化路的轉角依然像白天那麼熱鬧，電子市場外，聚集著無數維吾爾人交流著似乎來路不明的手機，夜色裡，甚至又有了成色不錯的本田摩托。燒烤攤冒著濃煙，這會兒只有兩家，五塊錢一串的雞胗，一塊錢一串的羊腸子。烤羊腸子的中年維吾爾男人，帶著他的還沒有烤爐高的兒子。兒子穿梭在人群與車流中，替父親接來一杯清水，然後收錢，找零，可是卻數不清楚了。是我把事情弄複雜了，我吃了三串，我本以為兩塊錢一串，遞過去十塊錢，孩子在錢匣裡找了半天才數出兩塊錢。我又拿了一串，想著只把那兩塊錢找給我就好，可是父親接過手，告訴我：一塊錢一串。——

我的思路續上了。

我想說的是：如果生活必須在這裡，那麼除卻平靜地生活，又還能怎樣呢？

傍晚的那頓晚餐，橫穿文化路到路東。是違反交通規則地橫穿馬路，忽然看見身邊一位老婦人，手提肩背著兩大捆紙箱板，佝僂著腰。她甚至沒有一雙完整的布鞋，不知道哪裡撿來的兩隻，一大一小。即便是小號的，對她而言也太大了，而左腳的那隻大號的，幾乎是她腳長的兩倍。她把布鞋的後半紮起，勉強穿著。

不遠處，街心公園東邊的人行道上，她的兒子等在那裡。一輛三輪摩托，旁邊是更多的紙箱板。兒子坐在紙箱板上，大概是腿上生著皮膚病，彎腰湊近仔細抓撓著。老婦人卸下紙箱板，倚在三輪車幫上，略挺起腰，然後從車斗裡的一個布袋裡，摸索出一隻礦泉水瓶。瓶裡的水卻不是透明的，灌的是家裡帶來的茶。喝一口，呷下去，然後關切地看著兒子的腿。

他們應當一家人都來和田了吧？老伴、兒媳，還有孫子孫女。或者，只有她們母子倆？

家裡會有人，會因為他們在和田而格外關心他們嗎？

像我這樣，不斷得到家人和朋友的問候：注意安全。

可是，當生活必須在這裡的時候，不安全又能怎樣呢？

我可以選擇去風花雪月處繼續我的旅行，而他們呢？

上午仍然在于田。

清晨，重回艾提卡清真寺。

于田老城剛從昨夜的風沙中甦醒過來。

最早醒來的，是卡魯克路路旁的烤包子，小的大的，方的圓的。漸漸的，烤肉的藍煙也飄蕩起來。女人們開始清掃門前的浮土，然後灑上清水。男人們都在烤包子攤前，生意好的，已經準備開始烤下一饢坑，麵和好，肉剁碎，還有一盆洗得乾乾淨淨的皮芽子。

我的早餐，是兩隻烤包子。比起庫爾勒一路直到民豐，于田維吾爾人吃得更鹹。抓飯的米更鹹，烤包子的麵更鹹，這倒還可以忍受，難以忍受的是包子餡裡有更多的羊尾油，幾乎見不到肉，卻合適倒乾淨了羊油餡，乾嚼有滋有味的酥脆包子皮兒。

烤饢的生意也好，但不是零買來做早餐，都是一疊一疊地買走，大概是一家人一天的主食。再深遠的烤饢店，都有熟悉的照顧生意的主顧，甚至有不怕麻煩，開著汽車穿過窄巷而來的，買下十張二十張，就這樣吃上一生。

不多會兒，上班上學的人們走空了，老城裡寂靜下來。其實原本就是寂靜的，熱鬧的也不過就是臨街的那幾條寬巷子。

寂靜的窄巷，照例是孩子們的世界。

男孩子們的世界。

大孩子們打打鬧鬧，徒手的，或者騎著小車充作戰馬的。腿被車輪撞得生疼的孩子，齜著牙揉著腿，沒有人哭，等不疼的時候，狠狠地再撞回去。

小些的孩子，或者渾身赤裸，或者只穿著一件哥哥們穿不下的舊T恤。光著腿，跟在大孩子們的後面，小雞雞在襠下搖來晃去。

能讓家長們勉為其難地探身出屋查看，大多是因為我這個外人的闖入。倒不是因為擔心我是會拐賣孩子的壞人，大多只是對陌生人的好奇張望。和善的老太太，索性從裡屋端茶倒水般地把嬰兒車裡的孩子推出來，似乎村裡來了專業拍照的遊方師傅。

老太太們是最和善的。

似乎對於維吾爾女人，就與世界的溝通而言，生命是一個輪迴。小女孩的時候，可以無所顧忌地與陌生人交往。之後，是漫長而拘束的一生，她們遠遠地看見陌生男人走來，便會立刻閃身回到屋裡。——當然，那些穿著時尚的姑娘們也是不避諱的，沒有人可以與我交流這其中的差異，似乎只是家庭的不同。更加世俗化的家庭，例如昨天的維吾爾小學教師，他們的家庭出來的女孩子，便會開放得多。在之前上班上學的人流中，在一輪穿過窄巷載著一群女孩子們的三輪車上，我甚至看見一雙挑在外面穿著薄黑絲襪與高跟鞋的腿，雖然她依然戴著頭巾。——再輪迴到可以與陌生人坦然交流的歲月，她們已然遲暮，已然垂垂老矣。

微笑與頷首示意，能夠得到最好的反饋。她們也回報以微笑與頷首，然後面向你，反覆如此，直到你背身走遠。

貧困更多地隱藏在老城深處。也許正因為貧困，他們才不能夠擁有地段更好的屋子。地勢最低處，往往是最貧困的人家。完完全全的土坯房，完完全全的土路，讓人看不到希望。湫溢低窪處，孩子們都是灰灰的。甚至是天生漂亮的維吾爾女孩子們，灰灰的，土土的，如果不是一頂還算俏麗的花帽子拯救，她們甚至要融入身後的塵埃。

貧困是令人絕望的。

無論在哪裡。

不願意再走下去，那是在艾提喀爾村，我轉身回來，在迷宮般的老城裡漫無目的地遊蕩。風停了，不再揚沙，卻有濃密的雲。偶爾會有幾點雨，抬頭卻看不見雨雲。似乎是從哪裡飄來的，或者只是憑空無據的水滴。

在阿斯廷烏依村，走上一處高臺，高臺上有密集的僅凸起地表寸許的長方形封土，我知道那是維吾爾人的墳塋。

我走到了一片維吾爾人的墓地。

我小心地穿行在墳塋之間，漸漸地又看見更多。更多的圓形墳封土，甚至水泥砌就的墳塋，那是漢人的墓地。在那一片高臺上，維吾爾人與漢人埋葬在了一起。

維吾爾人在東，漢人在西。

維吾爾人的墳塋，向著四方；漢人的墳塋，向南，只向南。

我用了整個上午的時間，看望了他們所有人。

所有的漢人，所有有著墓碑的漢人——大多數只是沒有墓碑的土丘，已經被生著的人忘記，漸漸低矮，等著再被時間忘記，終歸於無。

石碑之外，不少只是一片松木，墨筆寫著逝者的名姓。生的時候，人有高低貴賤；死的時候，人依然有高低貴賤，一生一世也沒有逃脫。

那片高臺上的墳塋，最早開始於一九七四年。整個七十年代，僅有一九七四年，這是個特殊的年份。幾座這一年的墳塋，南北佔據著高臺的兩端。北端的幾座，主人全部來自天津楊柳青。似乎有一場災難，卻沒有人能夠告訴我究竟發生了什麼。

然後就是八十年代，九十年代，直到現在，依然陸續有人被埋葬在這裡。片刻之前，還有一場祭奠。兩座土丘上還是濕的，空氣中彌漫著濃烈的酒味。墨筆寫就的木碑前，供品如新。

兩座墳塋，是父母和他們的一個孩子。

最年輕的逝者，只有二十歲。一九六三年出生，一九八二年死去。他的哥哥埋葬了他。

三十年過去，他的哥哥依然惦記著他，簡陋的石碑上，字跡重新用紅漆塗刷過。落款：兄寶利立。「立」字上的紅漆滴了下去，像是一滴泣血的眼淚。

所有這些曾經讓人傷心過的人們，來自這麼些地方：

甘肅靜寧、平涼、天水、酒泉、臨夏、岷縣、武山、民勤、西和、玉門、正寧、永登、金塔、古浪、張掖、敦煌；

河南鄲城、許昌、洛陽、禹縣、蘭考、商河、內鄉、太康、開封、濮陽、郟縣、洛陽、舞陽；

四川內江、蓬溪、璧山、營山、南充、儀隴、雙流、萬縣——一九八六年萬縣依然屬於四川而非重慶；

山東牟平、鄄城、平度、沂水、濟寧、海陽、煙臺；

陝西南鄭、興平、華縣、西鄉、綏德、臨潼；

江蘇江陰、宜興、海門、南通、丹陽；

重慶永川、合川、銅梁；

湖南臨澧、湘鄉；
寧夏隆德；
山西晉城；
河北深州；
天津；
湖北漢陽；
黑龍江密山；
浙江樂清；
上海奉賢；
廣東揭西；
遼寧不知何地，以及三位安徽人。
利辛、太和、鳳台。
而鳳台縣，屬淮南市轄，是我同鄉。

他們來自這麼些地方，卻最終被埋葬在一起。
埋葬在最遙遠的異鄉。
如果生活必須在這裡，那麼即便死亡，依然還是在這裡。

2014.06.10 00:41 新疆和田地區和田市北京西路 八樓僑民賓館

維吾爾小姑娘　于田

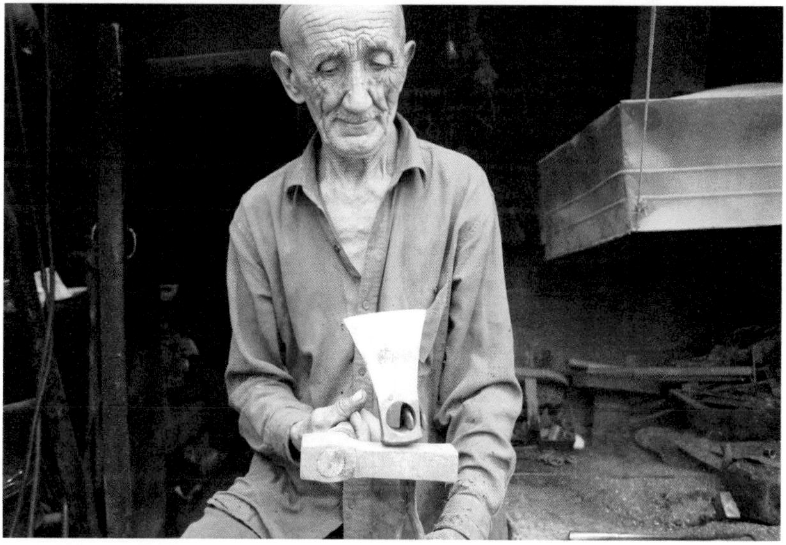

維吾爾鐵匠　于田

老城　于田

第九章　和田

在向西攻滅莎車、向東併吞扜彌、戎盧、渠勒、皮山諸國以後，于闐盡有塔里木盆地南緣綠洲。東漢時，蔥嶺以東，只有鄯善可與于闐相匹。

漢時的西域三十六國，均篤信佛法。東晉法顯《佛國記》載：「……得到于闐，其國豐樂，人民殷盛，盡皆奉法，以法樂相娛。眾僧乃數萬人，多大乘學，皆有眾食。彼國人民星居，家家門前，皆起小塔，最小者可高二丈許，作四方僧房，供給客僧，及餘所須。國王安堵法顯等於僧伽藍。僧伽藍名瞿摩帝，是大乘寺，三千僧共犍槌食。……其國中有十四大僧伽藍，不數小者。……」

于闐的梵唄，綿延千載。

晚唐時候，于闐以西，以蔥嶺回鶻人為主體的喀喇汗國立國。喀喇汗國最享盛名的可汗，是碌碌無為的薩圖克・布格拉汗。為從其叔父奧古爾恰克手中奪取可汗的權位，為可借助與仰仗伊斯蘭教的力量，薩圖克・布格拉汗成為最初皈依伊斯蘭教的回鶻人可汗。

于闐與喀喇汗國之間，無可避免地爆發戰爭。是國家戰爭，也是宗教戰爭。

兩國的戰爭前線，是疏勒。戰爭初期，于闐——在後晉時被冊立為大寶于闐國——屢有勝績，于闐王尉遲輸羅曾有連克疏勒城池的戰功。但是喀喇汗國連年不斷的進犯，終於讓于闐耗盡國力。戰爭在持續二十年之後，北宋景德三年，大寶于闐國亡國。參與對于闐作戰的喀喇汗國王子玉素甫・卡得爾汗成為新的于闐王，于闐作為喀喇汗國的一部分，人種與語言逐漸回鶻化，信仰與生活逐漸伊斯蘭化。

作為新疆最早皈依伊斯蘭教的地區，如今的喀什與和田兩地，依然是伊斯蘭宗教勢力最為強盛的地區，也是維吾爾人主要聚居地。因此對於不明就裡的外地人而言，才會對和田更多一些畏懼——畢竟覺得喀什作為著名的旅遊城市，也許會更加的開放與世俗。

事實也的確如此，最近烏魯木齊暴恐事件的主要恐怖分子，即均來自和田地區的皮山。但是，在和田市區，最起碼在浮華的表像上，一切如常，一片祥和。

北京西路，友誼路。如果我只生活在這附近，那麼這與我生活的內地其他城市，似乎並沒有什麼不同。

清早出門，去郵局快遞一份出版合同回內地。郵局的工作人員，清一色的漢人，說著沒有任何口音的標準普通話，禮貌周到。

在郵局旁邊漢人的小賣部裡買一瓶水，轉入友誼路，幾步外就是一家杭州小籠包，坐滿了吃早餐的漢人。雖然菜單上的小籠包分豬肉與羊肉餡的兩種，但是忙裡忙外的浙江老闆也懶得多此一舉地問上一句，凡是要包子的，必定是一屜豬肉包子。當然，也沒有維吾爾人會來杭州小籠包子鋪裡吃羊肉包子，對於穆斯林而言，重要的不僅是肉與肉的不同，如何屠宰與食用同樣的重要，漢人的餐館是無法滿足信仰的需求的。所以杭州小籠包子鋪裡的羊肉包子，最多只是區分是否開在新疆的標識物。

近午時候，上海的朋友問清楚烏茲別克斯坦領事館，可以代辦烏茲別克斯坦簽證而無須本人面簽，於是又從滿是維吾爾人的艾提卡大巴扎回到北京西路，再去郵局快遞我的護照到上海。

然後，又轉到友誼路上，閒蕩到盡頭的丁字路口，找到一家四川菜館午飯。

入疆以來，這是我吃的第一頓正兒八經的漢餐。

我向來覺得，很少有世人盡皆認可的美食。食物的好壞，更多的取決於成長的記憶。習慣的，才是自己的美食——也許會是別人的美食，但更有可能會是別人的噩夢。比如以前的洛陽室友，一天三餐，餐餐吃麵，最簡單的西紅柿打滷麵，吃得不亦樂乎，認為是世上不二的美食，可是對於我而言，任何形式的麵條都是噩夢。再有，小時候家裡吃油，只有菜籽油與豬油兩種。豬油是買來的肥膘自己煉製的。油渣是道美味，新鮮出鍋的拌上些糖，大概就是我的洛陽室友的西紅柿打滷麵。江淮一帶大多有此嗜好，南京的油渣炒小白菜，如果沒有了油渣，小白菜簡直就是楊乃武的小白菜。然而後來我所熟悉的人中，除了一位太原姑娘也有此好，其他的人簡直聞也聞不得，遑論入口？

所以於我而言，所謂的正兒八經的漢餐，就是有一盤炒菜，加一碗米飯。

新疆人和四川人有相似的地方。如果要離疆離蜀地謀生活，最簡單的，開一家飯館，做自己成長的那些歲月裡，天天做著與吃著的飯菜。

四川人——包括重慶人——是我最不吝讚美之詞褒揚的人們。哪怕另有一間安徽菜館，我也會毫不猶豫地選擇四川菜館。四川人幾乎以一己之力肩負起了培養中國人飲食口味的重任。一道大刀回鍋肉，一道清炒油麥菜——其實我更熟悉的是重慶，這本應當叫作「萵筍尖」的，可是北方人更習慣用油麥菜的名字，大概引領其進入北方市場的「豆豉鯪魚」，更加深入人心。

四川菜館兼做快餐生意，大廚在後灶不停地加工大鍋菜，鍋鑊之聲也是漢餐館的誘人之處。見縫插針給我炒的兩道菜，倒也不錯，重油重醬，有十足的煙火味。

只是米飯差了點。我本來就不太喜歡西南的蒸飯，太過鬆散，又因為瀝去米湯，少了許多米香，不如煮飯可口，他家的蒸飯更因為米質太差，簡直難以下嚥。

漢人做生意，大處算計，小處更是算計。一碗好米與劣米，能差出多少本錢？而且又不是像在巴蜀，米飯一人一塊錢管夠，這可是兩塊錢一小碗的買賣，實在是因小失大。

相比之下，新疆人會用到米的抓飯，一路吃來，選用的無疑都是精製好米。

晚飯又是一碟抓飯，在入疆以後的每座城市，都會有一碟抓飯。和田與于田的抓飯，較民豐之前的抓飯為鹹，加了更多的鹽，卻也不算太過。

越向和田，做得越精緻。于田的兩家，碗碟講究。玉城西路菜市場旁的一家抓飯館，除卻配飯的一小碟醃菜——胡蘿蔔或者黃瓜絲——之外，又配上各一小碟的涼粉、西瓜和酸奶，抓飯沒有上來之前，已經心中大加稱讚。不同的是，于田的抓飯，在不特別聲明的前提下，是碎肉抓飯。和田以及其他地方，包括烏魯木齊，都會是加一整塊肉的抓飯。不過，肉塊大小不同，難免讓人有喜有惱，不如碎肉抓飯來得明確，無非就是少了些啃肉骨頭的樂趣。

和田的抓飯，開始加配葡萄乾與杏乾，雖然不多，但比只有紅黃胡蘿蔔的抓飯漂亮許多。

我之所以鍾情於抓飯，大約抓飯也屬於在我回想起過去歲月的時候，會時常出現的飯食。

我有不少朋友是新疆人——出生在新疆的漢族新疆人。當然也有打架翻臉的，不過更多的直到現在依然是朋友。

有些已經失去聯繫，比如剛去北京的時候，最早的朋友裡，就有的一對新疆夫婦。他們大約是奎屯人，其實那時候他們大學畢業也沒有幾年，住在東四環外石佛營的地下室裡。

我住在不遠處東十里堡的地下室裡，剛去北京，沒有朋友，經常穿過馬路去他們小區，等著他們下班回來蹭飯。那會兒，馬路東邊的盡頭，還是農田。

週五去的北京，週六的人才招聘會上就找到了工作，一千五百塊錢一個月。地下室房租一個月兩百，餘下的錢吃飯是綽綽有餘的。但我還是經常去蹭飯，當然我也會買些東西帶過去，不為了蹭飯，只為了有人說話聊天不覺得寂寞。

他們的地下室裡人滿為患，走廊裡擺滿了各家的灶臺和雜物，晚上下班回來趕在一起做飯，亂七八糟，水都不夠用的。時間也有限，於是經常就買些羊肉和胡蘿蔔回來，做簡易的抓飯。

那是我人生中，第一次知道抓飯，雖然並不正宗。

羊肉切丁，清油爆炒，加鹽與胡椒調味。將熟的時候，加胡蘿蔔丁同炒，炒軟為度。淘米，加水，然後把羊肉胡蘿蔔丁連底油一併加入電飯鍋中，再加少許洗淨的葡萄乾。煮熟即可。

大概是最簡單，也是最節儉的碎肉抓飯——只有肉粒，不是肉塊。卻很美味。

知道嗎？

即便現在，坐在若羌，或者且末，或者民豐，或者于田，或者和田，不管是哪裡的抓飯館裡，不管外面是陰是晴還是漫天風沙，我想起來的，總是坐在小板凳上，就著不高的茶几，在一盞明亮的節能燈下，幾個人吃著碎碎肉的抓飯，說著什麼時候能有賺上兩千塊錢的工作。

茶几旁邊的地上，一口不大的電飯鍋，飯勺撐開的鍋蓋，悠悠地氤氳著抓飯的熱氣。

大概一切食物，或者任何事物，都是如此吧。

我們以為我們愛她，實際上，我們只是愛我們自己，過去的，永不回來的年華。

2014.06.10 23:29 年六月十日新疆和田地區和田市北京西路 八樓僑民賓館

第十章　皮山

出和田長途客運站的時候，半車乘客，幾乎全部是漢人。

然後，才恍然大悟，這畢竟是維吾爾人才熟悉的世界。他們都等在站外，知道幾點會有一輛去往哪裡的車，知道那輛車出站的時候永遠有空著的座位，一如在內地的縣城，或者是運管倦怠的都市，熟悉這一切的本地人也都是如此。省去不買保險的囉嗦，省去站務費，省去麻煩的安檢，在現在這個節骨眼上甚至可以省去記錄身分證的查驗。

司機輕車熟路地把車身斜插在公路上，用車尾擋住客運站前監控的視線；售票員輕車熟路地下車觀察，告訴乘客們上車的時機；乘客們慢慢跟隨，然後在售票員的指示下輕車熟路地跳上客車。只是一瞬之間，客車已經滿座，坐在車廂後部我周圍的，全部是彼此熟悉熱絡的年輕維吾爾人。

他們不講究穿著，四角帽上的污垢幾乎遮掩去綠的本身，衣服也髒了，末排的幾位脫去了鞋子，腳臭得像是下工的王志和本人坐在車尾。但是彼此間卻掏出了蘋果手機擺弄著——還是因為沒有足夠的富有，手機外面套著厚厚的保護殼。有些時候，有物慾的人們，反而會讓人覺得可愛，有慾則有求，有求於現世的生活，便不會是極端的人。

最後上車的，是城外的兩個漢人。和田市區向西，有石化工廠、學校與農場，沿途時常能看見候車的漢人，這是昨天坐一路公車閒逛至拉斯奎鎮的發現。

車上已經沒有空座，售票員讓出了自己車門旁的座位，年輕些的坐下。年長些的向後尋覓著，發現無處可坐，居然沒有質詢售票員，只是默默地站在了過道中間。實在是極能忍讓的人，難道接下來將近四個小時的車程，他可以坦然接受一路站著的煎熬？明明是售票員應允有座以後，他們才上的這輛客車。

好在，坐在末排邊角座位上的，也是跟車的司售。他是個好人，先是示意坐在我身邊的年輕的維吾爾人擠擠也坐到末排——因為他們都是相熟的朋友——見他不願意，便自己起身，讓出座位。年輕人們樂得寬綽地坐在一起，年長些的漢人坐在了我的身邊。

清瘦，上唇留著一抹稀疏的鬍鬚。兩個人的包袱卷兒放在了行李廂裡，老王的手裡只拿著一瓶礦泉水。輕輕地坐在座位上，腿伸在過道裡，不擠著我。偶爾看向側前方的窗外，瞳彩的邊緣已經開始褪色發灰，彷彿銹蝕。

如果我不主動找他搭話，他便沉默著，身體略側向過道，遠遠地看著前方的路。

讓出座位的司售坐在引擎蓋上，胖胖的身軀，其實他並不能看見什麼。

自然的，毋庸置疑的，老王是四川人。

我景仰的四川人。

家在綿陽郊區，來新疆的時間不長，三四年的光景。在和田的農場做工——承包農場工地的，大多是河南人，而做工的卻是四川人，還有當地的維吾爾人。

皮山農場有一份活兒，他們像候鳥一樣過去，雖然暫時只有兩個人，但是還會有很多。他說，上面要求在新疆的其他民族自防自保，所以他們都是同進共退，吃住在一起。自己做飯，吃得還好。豬肉一定是要有的，而且每天都要有，「我們做工的，沒有肉不行。」老王說。和田最好的是大棗與核桃，農場裡為了追求經濟效益，種的全都是果樹。

和田綠洲實在是一片偉大的、可以誕生奇跡的綠洲。在和田綠洲東緣析置洛浦縣以後，民國八年，又在西緣析置墨玉縣。在和墨墾區，我居然就在國道旁邊，看見連天的水田。

克里雅河河谷中的幾壟水田已經讓我驚詫，和田綠洲的水田卻像克里雅河那麼寬闊。在水田中勞作的，是維吾爾女人，如果不是纏著維吾爾頭巾，一切景象與在江南無異。在和田已經三四年的老王甚至依然還有同樣的感慨，說和田就是南疆的江南。

老王之所以來和田，是因為他的嫡親兄長。

兄長來新疆已經將近二十年了，銖積錙累，一點點打拼，如今已經積累下偌大的產業。在和田市區，有兩棟私產的樓房，現在用著其中一棟開著一家足療城。兩個女兒也供養了出來，如今都在北京，買了房，雖然在五環外，也是一筆不菲的開銷。

如果把兩棟樓都租出去，按照現在的市價，每年的租金大概在一百五十萬。他說如果不想幹了，就回綿陽老家養老——如果可以，如果不是必須生活在這裡，漢人總念著落葉歸根，而不想有一天，永厝在像于田老城的那片高臺之上——每年只坐飛機回來一趟，收收租金就好。

我終於還是問出糾結著我的問題，雖然這似乎很不禮貌：那為什麼不替他打工，而要這樣辛苦地奔波勞作？

老王卻很坦然，依舊是平靜的川音。如果仍在足療城裡做工，一來有些事情他看不慣；二來即便是看在親戚的面子上多給一些工錢，四五千吧，終究還是不如自己在外面掙的多些。「趁著還做得動，多辛苦一些吧。」

如果有一天實在做不動了，再回和田繼續清閒的工作。

或者，也該落葉歸根了。

在新疆的一片葉落，歸在根上，也漫長過別處的一片葉落。

等到十一月，泥土開始上凍的時候，也就該停工了。已經把家安在和田的同鄉，將會從停工的那天起，有一個安逸的冬天。而他卻剛踏上歸途，搭上一天半的客車去烏魯木齊，或者吐魯番，再轉火車，兩天半的時間，才能回到綿陽，回到老婆孩子的身邊。

然後，也是一個安逸的冬天。

蜀地的，有些濕冷的冬天，卻有世上最好的辣椒。

「這裡的辣椒太差了。」想了想昨天晚上與同鄉在和田的四川飯館裡的那頓飯，老王咂摸著嘴說。

等到開春，陽曆三月，會再回來。

「現在來打工的人越來越多，春節後開工的少，工作難找。」多賺一些，看起來其實並不容易。

在和田長途客運站上車的漢人，多半也是民工，多半也是川音。與我想像的不同，他們並沒有與我同來皮山。在農十四師二二四團團場，他們全部走了。大包小包的行李從客車行李廂裡拖出來，碼在國道旁邊。來接站的，只有一位親友，騎著一輛電動車，躊躇著怎麼幫他們把那麼多的行李運回去。總會有辦法的，泥土正濕潤，天氣正熾熱，不著急，離回家的時候還早。

如同于田至和田，皮山也只是遠遠在東郊外的皮亞曼鄉有一處帳篷搭建的臨時檢查站，警察上車草草掃一眼身分證，便再無麻煩。皮山客運站客車甚至沒有進站，只是在門外，便把一車人散放了下去。

皮山縣城，是行走至今，唯一遠離國道的縣城。

一道筆直寬闊的固瑪路，北連三一五國道，南抵皮山縣縣政府。縣城所在的固瑪鎮，似乎有新舊之分，以皮山客運站為分界。客運站與國道之間，是老固瑪鎮，鎮中心的十字路口，熱鬧繁華。北京時間下午兩點，正是當地的正午，放學的孩子穿梭在臨街午飯的大人們之間，一片喧囂，一片烤肉的濃煙。客運站以南，直至縣政府，明顯是新建的城區，卻要清冷許多。

最醒目的商業建築，是固瑪北路與英巴扎西路十字路口轉角的溫州大酒店。醒目宏大，只是內裡的設施要黯淡許多，前臺頭髮蓬亂的溫州小夥子手忙腳亂地接待兩個維吾爾客人，卻不能確定該把客人的房錢記在誰的賬上。

公務往來的酒店，房價不菲，捨不得入住。圖便宜，在近旁找到另一家賓館。主人一家，三代同堂，正在午飯。相熟的客人，全部來自周邊的建築工地。應當是分包方的小老闆，同樣捨不得溫州大酒店的花銷，只好與我一併廁身小旅館裡。

老闆是山東人，這在新疆並不多見。聽口音我以為與我同鄉——皮山縣由安徽省對口支援——實際上來自魯西南的菏澤。魯西南、豫東與皖北口音多少是有些相像的。老闆來皮山已經有十幾年，太久了，日復一日的生活讓老闆顯然已經沒有熱情招呼客人，慵懶地開電腦聯網登記身分證，草草地開出收據，淡淡地囑咐兩句，用鑰匙開了房門，轉身回去。

居然又遇見了老王。

隔著英巴扎西路，賓館斜對著一家四川菜館。剛走進門，老王和小陳正吃完站起來身來，酡紅著臉，桌上只有一隻空啤酒瓶。他們還有三十公里的路程，農場會派車來接他們，皮山只是中轉。

我和老王握手道別，老王握著我的手，小聲和我說：「車上和你說的你要記住。要注意安全。不要住小賓館，不要下鄉。」

小陳在旁邊附和著：「非常時期，處處小心。」

其實我知道，對於大多數背井離鄉謀生的漢人而言，共同的特點是堅韌而膽怯。當然，還有善良。我堅信南疆布滿軍警的每座縣城都是安全的，否則我也不會孤身犯險。但是真真切切發生過的危險，以及隱匿在暗處的危險，卻讓南疆的漢人多少有些自危。

雖然表面看起來依然平靜，但是就像同樣來自綿陽的菜館老闆娘說的那樣：是福不是禍，是禍躲不過。

寄希望於命理或者概率，這不得不說是很可悲的。

很多人，畏懼了，不再來新疆，更何況南疆。

兩間獨立外間，六七張餐桌，里間又有不少包間的皮山最大的四川菜館，正午的飯點，只有和田客車給他們帶來的兩桌生意。

廚師，也許就是老闆娘的丈夫，和小工一起正吃著自己的午飯。

菜，只有一盤清炒油麥菜。

收拾著碗碟，老闆娘幽幽地回答我關於生意的寒暄：

「我們平常也不出去，生意也沒有。」

賓館與四川菜館所在的英巴扎西路，再向西，大約百米，是波斯坦路。向南，經波斯坦南路，大約又百米強，是薩依巴格西路。兩條東西向的路，東口都與固瑪北路相連。

這四條路構成的方形，聚居著最多的漢人店鋪。賓館與飯店不多，大多是日雜食品的小鋪。沒有大肉店，看來也做著維吾爾人的生意。與維吾爾人店鋪唯一的不同，就是有啤酒出售。

固瑪北路路旁，有銀行，有郵局，甚至有影劇院，雖然影劇院廳門緊鎖，門前廣場正是一片執勤的武裝崗哨。

與和田的郵局不同，皮山郵局裡的全部工作人員都是維吾爾人，不過大廳裡卻聚滿了四川口音的漢人。右邊的每人手裡拿著一張匯款單，可能來自於同一處工地，正要把在新疆賺的辛苦錢匯回家裡。左邊的，大紙箱裡，滿是新疆的土產，核桃、葡萄乾、杏乾，正要把在新疆生活的富足告訴家裡。

幾個男人女人，圍著一個男人寫著郵寄清單，「有葡萄乾。嗯，還有無花果。」老老實實的，像是填著一份性命攸關的生死文書。

固瑪北路走到盡頭，是皮山縣縣政府。縣政府前的廣場上，滿是為孩子們準備的大玩具。孩子們並不多，玩具攤的維吾爾主人們，坐在床上，昏昏欲睡。最靠近豪華氣派的縣政府的一段廣場，被圍擋包圍了起來，進出有嚴格的查驗。

與縣政府西鄰的，豪華氣派的斯大林式大樓忽然換作低矮的土坯房，或者木構土坯房，支離破碎地立在哈尼卡西路路旁。走進去，卻很熱鬧，與老巴扎路交會的十字路口，擺滿了維吾爾人的貨攤。

西瓜攤上，就著攤前鐵筐裡的西瓜皮，蒼蠅密如雨點。看攤的維吾爾老人會說漢語，招呼著我，盛情難卻，只好走到攤前，揀兩塊看似沒有蒼蠅光顧過的西瓜——玄之又玄的一卦——強忍著心中的疑懼吃下。

我指著三條街內不見一位漢人的老巴扎問他：「這裡沒有漢人吧？」

他回答我：「這裡的漢人多。這裡沒有。」

他的意思是：皮山的漢人很多，只是在老巴扎附近沒有。

之前他問我：「你走過去，又走回來，幹什麼？」第一次經過老巴扎的十字路口，我走在遠離他的西瓜攤的馬路另一側，可是他還是看見我並且記著我。異族人對於本族人而言，太過醒目，太過招搖。所以，可能即便皮山只有一百個漢人，對於他們的感覺而言，那未免也太多了。

險些在南疆起了第一次衝突。

初進哈尼卡西路，身邊一個胖胖的維吾爾年輕人，和他的朋友走到我貼身的近旁，忽然抬起手做出打人的動作，然後順勢撓向了自己的後背——即便這是一個玩笑，這也是一個非常不友善的玩笑。他的朋友們哄然而笑。

雖然強忍住沒有還手，但這樣無知而又愚蠢的行為，卻顯然激起了一位原本抱著友善態度而至的人的敵意。

在有敵意的視野裡，於是一切開始變得可疑。人們窺探我的眼神，以及越來越多穿著吉里巴甫的女人，留著大鬍子的年輕男人。聚集在皮山大清真寺前的，還有匍匐在門外地上的乞丐。我向他們每個人施捨，但是這種行為除了得到乞丐們的讚揚，周邊的人們依然冷漠。門左有相鄰的兩處出售經書的書攤，攤前坐著些似乎頗有地位的老人。內裡只有一位年輕人能夠說漢語，我向他詢問是否可以拍攝清真寺，他以維吾爾語詢問對面而坐的老人後，予以拒絕。

見著我向門前的乞丐施捨，又有一位別處而來的乞丐，站在我的身邊的央告，而我的零錢恰好散盡，無奈只有尷尬地拒絕。背身向門而坐的，坐在年輕人身邊的老人，並沒有看見我之前的施捨，於是對於近在身邊的拒絕，頗為不屑。也許是出於好意打發那位乞丐，他掏出了五毛錢，面容冰冷。乞丐雙手合十掩面以示感謝，然後湊身向前，拈起錢，退步走遠。

任何湊趣與搭訕的嘗試，沒有任何得到任何良性的反饋，回報我的大多只是漠然。或者就是這裡太過缺乏與外界的交往，或者就是這裡太過不願意與外界交往。沒有辦法，我只好遠遠地坐在清真寺外半圓形廣場旁商鋪前的臺階上，遠遠地看著他們。沒有外人的攪擾，他們迅速回歸熱烈友好，溫情脈脈。每個初見的人都熱烈地握手，友好地交談，年輕人站起來恭迎走到清真寺門前的長者，溫情脈脈地牽著他的手，引他坐在長椅上。

他們交流書攤上不同顏色的經書，摩挲著，神態安詳而滿足。

我的身旁，有一位年輕人，智力障礙，眼神空洞地也坐在臺階上。他的對面，牆下長椅上的老人，似乎是他的父親。不知道為什麼，他忽然指點著近旁滿是塵土的地面，示意年輕人坐過去。

年輕人就乖乖地坐在那裡，蜷縮著，搖晃著。

後來，老人的朋友走過來，嬉笑著爭執著幾張鈔票，像孩子一樣耍鬧著。

然後靜下來，緊緊地擠坐在長椅上。

2014.06.11 23:37 新疆和田地區皮山縣英巴扎西路 玉龍賓館

第十一章　皮山・葉城

哈尼卡西路的盡頭，傍晚時生意很好的烤包子鋪，清晨的時候生意依然很好。一張鍍鋅鐵皮包裹著的餐桌，床一般大小。老闆站在桌後，面前擺一個收錢的盒子，烤包子像溢出的金幣一樣堆在錢盒子的旁邊。三邊長椅上擠滿了吃烤包子的維吾爾人，要幾隻，老闆從烤包子堆裡撥過去幾隻，像極了賭桌後的荷官。一大壺磚茶，每人掂一隻茶碗，倒滿。另一隻手托著烤包子，輕咬一口，放出攢在烤包子裡的熱氣，再來一大口，連皮帶餡兒。太燙，嘴裡吸溜著，囫圇著。一隻烤包子下肚，然後就半碗磚茶。再來下一隻。

「皮山國，王治皮山城，去長安萬五十里。戶五百，口三千五百，勝兵五百人。」皮山綠洲的皮山國，孤立而弱小。時至今日，皮山似乎仍是南疆最為閉塞的縣城，物價也是最低的。以飲食為例，南疆抓飯的統一價格，二十塊錢一份，而皮山只要十七塊錢；兩塊錢一隻的烤包子，皮山只要一塊錢，雖然略小一些。

買了六隻烤包子，讓老闆分裝在兩個塑膠袋裡。皮山的烤包子，鹹度與于田和田相似，相似的肉少油多，只是多加了青辣椒與皮芽子，多少可以解膩。一袋烤包子，送給了跪在老巴扎十字路口的枯瘦的老乞丐。我還有些擔心，擔心一位穆斯林乞丐是否會接受漢人施捨的食物。可是當我彎下腰以後，才發現他向著陽光的面孔上，眼窩膒瞜著，是一位瞽目的乞丐。他的手感覺到了烤包子的熱度，迅速摸索著捧起來，向著他以為我在的正前方躬身祈禱。

神應予以信仰者以幸福，而非苦難。

為何並非如此？

清真寺還沒有醒來。

寺門緊閉，兩旁賣香水與經書的鐵皮櫃子，結實地鎖著。昨夜乍起的一陣沙塵暴後繼乏力，不成氣候，清晨若無其事的晴朗，有薄薄的雲，陽光柔和地包覆著皮山藍色的清真寺。不像其他縣城後建的清真寺，是磚的本色，三十四年前的皮山清真寺，塗刷著淡淡的孔雀藍，新草的綠，還有傍晚與清晨的昏黃。

沒有人，我盡可以變著法兒地各種拍攝。昨天最後向我討錢的乞丐來得最早，一個維吾爾孩子，踏著滑板，從清真寺與乞丐的面前滑過。廣場旁的水管工開始忙碌著拆裝管道，近處一家生意清冷的烤包子鋪的夥計，走過來，張望著。我想與他們合影，他們卻扭身閃開。

比在于田老城的那天早晨還早，孩子甚至還沒有準備上學。

沿著清真寺後面的英吾斯坦北路，越走越遠。不寬的道路上，不時有馬車篤篤而過。白鬍子維吾爾老人趕著的馬車，高高的馬車上，只容兩個人相背而坐。我很想去坐一趟馬車，可是我卻不知道去哪裡。

即便我知道去哪裡，我也沒有辦法和那些白鬍子維吾爾老人說清楚。我只能看著馬車篤篤而去，篤篤而來。有一次，只有一個一身白衣的姑娘坐在車沿上，白色的頭巾，沒有遮擋住她漂亮的面孔。她回頭張望著我，像每一個窺探陌生人的陌生人那樣。我努力回報以微笑，她卻轉頭而去。

走出清真寺南牆外的窄巷，穿過英吾斯坦北路，過一道水渠，又是一道窄巷，一位老鐵匠，爐火正旺，身旁聚著三五個人，沉默地看著他修理一把崩壞的鐵鉗。老鐵匠的身後，窄巷豁然開朗。路左一片高臺，即便沒有走上去，也看得出來是維吾爾人的墓地。不再有漢人。清晨，已經有兩位維吾爾人在墓地喃喃自語。那是通往天國的口信吧？打掃乾淨木圍欄上的塵土，或者在封土的四周踏出一圈印跡，那是「我來過了。」然後走下高臺，撣撣褲腳，逕自走遠。

那麼寂靜。

轉角處走出門外的年輕人看見我，迅速地轉身又走進門內。只有門外一片巨大的空場，幾株零落的白楊，寂靜像是被摔碎在地上的塵土，風吹起然後彌漫在每處縫隙。幾近曠野的空場，有許多木圍欄，看上去像是羊圈或者馬圈。果然尋著漢字的標牌：大牲畜市場。

從殘留滿地的痕跡上來看，應當是相連的羊市、大牲畜即牛馬市，以及草市。轉折以後，依然是市場，只不過看樣子出售的應當是瓜果蔬菜。一片巨大的，讓人激動的農邊貿市場，正門居然就在賓館所在的英巴扎西路盡頭——穿過波斯坦路就是，而我昨天卻左轉向了波斯坦南路。

農邊貿市場外，已經有開門營業的漢人蔬果大肉鋪。如果市場是下午或者傍晚才會陸續熱鬧起來，我決定多留在皮山一天。向肉鋪裡的漢人打聽，頓失所望，原來只是周日的固定集市。

無可期待。

如同且末客運站，皮山客運站候車廳內的雜貨店，店主也是一位漢人。不同的是，皮山客運站站內站外，幾乎沒有漢人，而且店主又是一位女人。她的店更小，局促在候車廳的一角，而不是像且末客運站的雜貨店佔據著整整一面牆。店裡有些零亂，一張冰櫃兼做櫃檯。她說話雖然是生硬的西北方言，但卻柔聲細語。很多時候，我需要探身近前才能聽得清楚。即便如此，還是不時需要請她重複。最初的誤會，我以為她是江蘇人，半晌她才糾正我，是甘肅，不是江蘇。

甘肅臨澤人。祖籍。

她的父母，是在一九五八年，張仲良治下的甘肅發生最慘烈的大饑荒的時候，被強行遷來新疆的。「每個鄉都有人來。」她說。一來是減少本地的口糧消耗，二來發配新疆，多少能有些存活的希望。

那時候真苦，農場裡沒有屬於他們的任何東西，甚至土坯房。只能像夾邊溝那樣，向地下掏地窩棚，洞口一片麻布擋風。農場也缺糧食，天天吃不飽。只是比起張省委書記的甘肅，已經好過太多。吃的再少，總強過全無可吃。就憑著那麼丁點的糧食，他們在新疆倖存下來。

同樣來自臨澤的她的父母，後來就在新疆結婚，有了她。她就出生在皮山，如果不是因為來到新疆，她甚至可能連進入定西孤兒院的機會都沒有。一九八一年的時候，她帶著父母回去一次臨澤。那是離開以後，他們第一次回去，也是唯一一次回去。

臨澤的親戚曾經勸她留下，但是她最終還是選擇回到新疆。「習慣了。」雖然是在南疆，雖然是在南疆最閉塞的縣城。

如今，她的父母已經過世。就像所有必須生活在異鄉的人們那樣，最終也在異鄉死去，葬在異鄉。

她說回去的時候，臨澤也很貧困。我告訴她現在的臨澤的模樣——我三年前去過臨澤。這又是我生平初有的經驗：我向一個那裡的人，訴說著那裡的模樣。

不時有維吾爾人過來，買煙買水。

他們彼此熟悉，說著彼此熟悉的維吾爾語。

我不會因為她會說維吾爾語而訝異，就像我不會因為一個皮山人說皮山話而訝異一樣。

對於她而言，更難的可能是臨澤方言，雖然那是父母的家鄉。

她說去年以前，皮山到處都能看見打工的漢人，各種生意都很好做。可是連續出事之後，漢人每天都在逃離。大包小包地擠在客運站，每趟車都有一二十漢人。到了今年，客運站裡已經很難再見到漢人。

新建成的皮山火車站對客運站客流的影響也很大，漢人越來越少，維吾爾人圖便宜去坐火車，客運站一年少收入一二十萬塊錢。

她的雜貨鋪在皮山客運站的角落裡，已經十五年了，現在是最艱難的時候。

她問我住的賓館多少錢一晚，有些後悔早些年沒有選擇開賓館，「前些年都掙著大錢了。」她說，「這掙的都是零碎錢，還把人捆得死死的。」

在長十步，寬十步的候車廳裡，一守就是十五年。

後來她說，有機會再回臨澤去看看。

她不會再回去了吧？我想。

發往葉城的客車裡，果然除我之外不再有漢人。十一點半出站，在三一五國道旁一直候客到十二點半，乘客依然沒有坐滿半車。庫爾勒以來，這是唯一一趟沒有滿座的客車。

從進入和田地區以來寬泛的身分證查驗，在將要離開和田地區——葉城已經屬於喀什地區——驟然嚴格起來，而且比在巴音郭楞蒙古自治州更加嚴格。出皮山一道關卡，進葉城又一道關卡，下車逐一徒步穿過有面部識別檢驗的通道，人過金屬檢測門，隨身行李過X光安檢機，再由身分證自動查驗機驗證身分。

臨近皮山的葉城檢查站是最大而且最嚴格的，昏暗的檢驗大廳裡有查獲的違禁物品：印有「東突厥斯坦」標識的T恤與旗幟。

可是氣氛並不緊張，客車裡的維吾爾人，大多是老幼婦孺，上車命令大家下車接受檢查的維吾爾警察，也並沒有勉強她們，於是只有三五個男人下車例行公事。

一路上都在和我嬉鬧的那個維吾爾小姑娘，在等著我回來，看見我又笑了起來。她有灰藍色的瞳彩，顯然有著異域血統。她的母親可以與其他維吾爾人以維吾爾語流利地交談，但是我仍然不能確定她究竟是維吾爾人，還是同樣生活在皮山的塔吉克或者柯爾克孜人。

她從前排跑到後排，看到我，只怯生生的十秒，然後就和我熟絡起來。跑回去，再悄悄回來，忽然探出頭來。後來索性反身站在前排座椅上，衝著我笑，衝著我鬧。

不過讓人心疼的是，她的右手中指到尾指，不知道發生了什麼意外，三根手指的末端全部離斷，只殘存著手指的半截根部。哎呀，在封閉的皮山，如果她最終不能通過學習與考試進入世俗社會——這似乎很難，一來她的家庭似乎並不富裕，二來她的右手又有殘疾——那麼等待她的只有嫁為人婦，操持一生——這一條大多數維吾爾女人的宿命。她的殘疾會讓她的身價大打折扣吧？如果她嫁得不好，那是要受苦一生的。

忽然我就悲傷起來，她那麼快樂地歡笑著，我卻不合時宜地去想她不再歡笑的那天。

我的想法必然是愚蠢並且錯誤的，她的母親不也一直快樂地微笑著嗎？注視著她的寶貝女兒，守護著她的寶貝女兒。

她的雙眉不是用烏斯蔓草的草汁塗畫著連在一起了嗎？

維吾爾人的傳說，女孩子的雙眉距離越遠，將來也會嫁得越遠。所以連在一起，就一直在母親的身邊，哪兒也不會去。

一直在一起。

相對於閉塞的皮山，葉城簡直是一座城比北京還大，一座人比上海還多的城市。

葉城是南疆的交通要道，除卻三一五國道貫穿縣境，也是著名的二一九國道即新藏公路的起點。因為二一九國道的存在，葉城成為邊境重鎮，離疆入藏，必經此地。也許是為了嚴防恐怖分子的南逃北進，葉城縣城內有格外的管控。每條公路都有檢查站，每個機關單位甚至街道小區入口均設聯防——全部形式主義，半日下來，只見著執守者或者伏案午睡，或者束手枯坐，實在不知道能起著什麼切實的功效。

三一五國道在葉城縣城內的路段，稱作核桃大道。核桃是葉城的主要經濟作物，除卻規模種植，甚至所有街道的綠化樹都是核桃。核桃大道西抵葉城客運站之前的十字路口，路北的加依提勒克路左右，是一處熱鬧的巴扎。

維吾爾小姑娘和她的母親與祖母在路口下車，站在路邊，一直盯著我。我本來跟著她，打算一起下車，司機提醒我汽車站還在前面，我又坐了下來。小姑娘沒有看見我跟下車，探身張望著客車裡找我。

居然驀地有了些離別的傷心。

那些在我的旅途中所有與我錯身而過的人們，大約就此一別，即是永別。

往來的行旅，讓葉城有了一切應當擁有的。

飯館，旅店，進口商品專賣店——南疆的維吾爾人似乎很喜歡阿拉伯文包裝的進口商品，比如沙烏地阿拉伯的飲料，我從和田一路買到葉城——甚至風化場所。

小姑娘下車的加依提勒克路十字路口，西南角有一排平房，每間平房門後都坐著衣著暴露的女人。年紀已經不小的漢族女人，無遮無擋地坦然招呼著路人，維吾爾女人半藏在簾布之後，只是默默地看著街面。

午後路過，正是生意興隆的時候。讓我大吃一驚的是，那會兒我看見的所有主顧都是維吾爾人。白鬍子的維吾爾老人，挺胸疊肚地闊步走出來；年輕的維吾爾小夥子，挑開遮羞的簾子，低頭轉身快步走遠。身後的漢人女人拉開門簾，喝水漱口，然後重新坐在門後，繼續招徠著生意。

傍晚坐六路公車閒逛，直走到如同城市新區的鐵提鄉。原路回返，下車路過那片平房，忽然一輛警車直衝到門前，堵住一間，提出一名又黑又矮，看著便知是工地民工的漢人。拿著最新款蘋果手機的維吾爾警察，對於窘迫至極的民工，稍有不滿，揮手便衝著他腦袋拍上幾掌。不知道是何目的，警察並不打算把民工帶回警察局，只是帶進平房裡，拉上門簾，不知道討論著些什麼。

女人們似乎並沒有什麼麻煩，犯事的一位，顯然還認得後至的一位漢人警官，不時交談幾句。再有兩三位便衣幫閒，積極地忙前忙後，民工被呼去喚來，推來搡去，窘迫得褲帶都忘了繫緊。

不知道後來怎麼樣了。

如果能談得攏，只當是在新疆白幹了半年吧。

2014.06.13 00:45 新疆喀什地區葉城縣核桃大道 閩渝賓館

第十二章　莎車

葉城與莎車之間，民國十年由葉城析置澤普縣。葉爾羌河，在澤普與莎車之間。

莎車，西漢莎車國地。「莎車國，王治莎車城，去長安九千九百五十里。戶二千三百三十九，口萬六千三百七十三，勝兵三千四十九人。」

東漢初年，莎車一度強盛，可與于闐爭霸。只是最終落敗，明帝永平四年，莎車國破於于闐。蒙元時，因蒙古語與突厥語同為阿爾泰語系，改稱其突厥語地名：Yarkand，譯作鴉兒看、押兒簽、雅爾堪、也里虔等種種，其突厥語本意為寬闊的土地，大約即因葉爾羌河谷為名。明時改譯作牙兒干，為喀什噶爾汗國（蒙兀兒汗國）領地。清時，再改譯作葉爾羌。喀什噶爾汗國，後因遷都至葉爾羌城，故也稱之為葉爾羌汗國。至光緒八年新疆政區改革之後，葉爾羌地方置莎車直隸州，復以莎車為名。光緒二十八年，升為莎車府。民國二年，莎車本府改為莎車縣，沿用至今。

詳細解說莎車的地名演變，是因為與左右漢語地名更為穩定的喀什與和田不同，在南疆近代史中，莎車更多的是以葉爾羌之名出現。比如清乾隆時期的大小和卓亂史，便是滿眼的葉爾羌。

葉城之「葉」，同樣為葉爾羌的簡稱。葉城與莎車，同在葉爾羌綠洲之上。

由葉城至莎車的早班客車，同樣沒有漢人，維族人同樣在站外候車。幾乎滿座的客車上，唯一讓我感覺愉悅的，是我身旁坐下的一位穿著時尚的維吾爾姑娘。她拿著最新款的蘋果手機，在微信上熟練地拼寫漢字聊天。對話框頂部對方的姓名，寫著漢字：「寶貝」。

一路而來，三一五國道葉城至莎車一段，最為破舊，大約是有編號G3012的吐和高速並行的緣故，地方上的建設重點已經不在沒有收費處的國道上。

葉城之後的檢查站，依然是進葉城方向的如臨大敵，而出葉城方向的檢查站，倦怠得幾乎連警察上車掃視一眼的按部就班也省略了。不知道葉城究竟有什麼嚴重的局勢，外緊內緊，甚至在新疆的網絡中葉城都是被屏蔽的敏感詞。

看見我拍攝窗外，身旁的姑娘居然主動與我搭話——這是目前在南疆僅有的經歷——詢問我是不是遊客。

顯然人人都知道現在的南疆，不是遊客出現的正確時間與地點。甚至作為一個維吾爾人，她也有同樣的勸告。「不要去少數民族多的地方。」她並沒有使用「維吾爾族」這個詞而是以「少數民族」來代替。「現在的民族關係不好」，這是她對不安全的解釋。

而且更重要的是，她說即便是她自己，也不敢去她勸我不要去的地方，比如皮山、和田。「我這樣子。」她比劃著自己的穿著，勾勒出性感身材的緊身衣褲，裸露著腳踝與腳面的淺口平底鞋，「他們看我的眼神都讓我害怕。」

這是我第一次知道那些敢於像世界上每個愛漂亮的女子那樣穿著打扮的維吾爾姑娘的感受，我以為那是她們坦然的選擇，原來並非如此。在保守勢力強大的地區，她們也會感覺害怕，雖然她們是維吾爾人。但是人人都知道，主要的敵意來自宗教意識，而非民族意識。

在南疆擁擠密閉的客車上，時常有極為濃烈的氣息。我有頭巾可以捂住口鼻，但形如劫匪的打扮時常會招來更多的注目，甚至警察的警覺。他們可是有槍的，所以我大多時候，只好被迫呼吸著自由的空氣。

今天的清晨，姑娘身上的香水味道，替我遮掩去一切。

她說她去過很多地方，因為曾經在文工團工作。在北京生活了五年——當她知道我的體內也流淌著北京的霧霾時，非常高興。她說，她想念北京。

「生活了五年，是有感情的。」

在北京的五年，她在房山。她的姐姐在那裡開了一家新疆飯館。

從北京回來以後，現在她在葉城步行街的地下商城開了一家賣時裝的小店。可是生意不好。我能想像，在新疆的一座維吾爾人為主的城市裡，時裝店的目標客戶群實在太過狹窄。漢人有自己的生活圈子，而維吾爾姑娘，多半又只穿著傳統服裝。

而鮮豔美麗的傳統服裝，又越來越多地換作了黑色的吉里巴甫。

剩下的，能有機會，或者說能有勇氣——我不知道該怎麼排列這兩種可能的先後順序，也許正確的說法是：能有勇氣，或者說能有機會像她那樣穿著的姑娘，越來越少。生意怎麼能好？

我問她還想再回北京嗎？

她說，明年。

我本以為路程很長，還有許多問題可以慢慢問，可是沒有多遠，在一處名作依克蘇的鄉村路口，她和她的母親，還有其他不少乘客，就忽然準備下車了。站在車門那裡，她又囑咐我：「注意安全。」

她和我的漢語對話，吸引了幾乎全車人的目光。身後一排的兩個姑娘，包著頭巾，所幸依然露著面孔，看著比她還要年輕。可是，懷裡卻已經各自抱著自己的孩子。有些蓬頭垢面，指甲裡滿是黑色的泥土。

決定維吾爾女孩子命運的，根本不是像機會與勇氣這樣說出來的寬泛。宗教、風俗、封閉、貧困，等等等等，哪個都不是容易改變的。這其中的封閉與貧困，是顯而易見的。出葉城不遠，是白楊掩映下的麥田，看似富足的恰爾巴格鄉。可是白楊樹後，土坯院牆上寫的標語卻是：「內衣要定期更換，經期每天要更換衛生巾。」

這樣的標語，反映出的貧困程度僅次於我在寧夏同心看見的：「一人一巾，早晚刷牙。」

如此境地，想想便會讓我覺得此生無可期待，又怎麼能去奢想女孩子們會有獨立意識去像誰一樣？

身後抱著孩子的姑娘，從葉城到莎車，從沉默到沉默。

莎車客運站所在的古勒巴格路，屬於莎車新城。

一如其他所有的新疆縣城，新城才是漢人與維吾爾的混居之處。莎車新城也不例外，比葉城更為繁華。

總體而言，一路走來，巴音郭楞蒙古自治州，外緊內鬆；和田與喀什地區，外鬆內緊。與古勒巴格路相交的團結路十字路口，以及團結路中段路南的改革路口，都有沙包堆砌的戰壕似崗哨，戰壕內一隊武裝警察，特警在戰壕外警戒。

傍晚時候，團結路上，地在兩處崗哨之間的莎車縣第一幼兒園即將放學，提前半個小時，校內保安已經將人行道、非機動車道以及一條機動車道整體以警戒帶隔離，長約百米。接孩子放學的幾乎全部是漢人，步行的，騎自行車、電動車的，各色人等聚在警戒帶外靠近院牆角落處的開口處。一輛警車停在正對著校門的機動車道上，武裝警察一字排開警戒，保安護送著孩子們到出口，甄別家長身分以後，再讓領走。

真不知道在這樣緊張氣氛下長大的孩子，會怎麼樣看待這個世界？

武裝崗哨值守的改革路，類似內地的美食步行街。大多是漢人的餐館，內裡有各種各樣甚至可以引發宗教報復的食物。

昨天在葉城，落腳三一五國道旁的閩渝賓館，在同等價格上，是我一路以來條件最好的住宿。被褥整潔，設施新淨，並且有快速而穩定的網絡——這在現時的新疆，是非常難得的。

入住的時候，正好趕上賓館主人們的午餐。賓館名作閩渝，自然意味著老闆來自福建與重慶。果不其然，沉穩幹練的女老闆是平潭人，而樓上樓下操持的男人是合川人。中午的菜，一盤爆炒肥腸，一盤清炒空心菜。肥腸看起來尤其美味，重油重醬，好似燒滷一般。

一家人客氣地招呼我同吃，我假模假樣地幾次推辭，回到客房便懊惱地捶地撓牆。

我這邊廂饑腸轆轆，他那邊廂菜香滿屋。

是可忍孰不可忍，立志出門找到一家川菜館，也照樣來上這麼兩盤。結果，初到葉城，不明就裡，以為繁華只在核桃大道，找出租車一路回到葉城客運站，僅見的兩家川菜小館房門緊鎖；再找出租一路向和田方向回返，直走到城外，才看到一家營業的川菜館。

菜價真貴。

食慾薰心，顧不上許多，照單抓藥。雖然菜色與口味上都遠不及重慶人家的自炒，但多少撫慰了饞蟲。兩道菜，七十塊錢，多少年都沒有自己吃過這麼奢侈的一頓飯。

中午走上莎車改革路，不料饞蟲死而復生，支使著我又走進了一家川菜館，藥抓二遍。

聊以自慰的是，菜價多少便宜了一些。

老闆是廣安人，在莎車已經十幾年光景。大女兒才上小學，中午放學回來，老闆給炒了個菜，自己扒拉著一碗米飯。小些的孩子才剛飯桌那麼高，沒好意思詢問性別，若還是女娃，別戳了想要兒子的四川人的痛處。

父母和女兒說話，用的都是普通話。女兒不服氣地說，她是會四川話的。老闆也解釋說，女兒回家和奶奶都是說四川話的。

人不應當丟失了鄉音。

問起路口的武裝崗哨，老闆夫婦對現在的局勢也是憂心忡忡，甚至說起，實在不行了就回家去嘍。

去年還有很多遊客的，「還有美國人。」老闆說，可是今年一個都沒有看見。

除了我。

莎車的漢人，把新城以東，老城路附近維吾爾人聚居的老城，稱作「維城」。

維城很熱鬧，熱鬧的核心在老城路北的阿勒屯路。

路東的阿勒屯公園裡，北邊是莎車大清真寺，南邊是一排維吾爾上層人士才會光顧的店鋪，出售的全部是中東的進口商品。食物、飲料、香水以及各種奢侈品。

路西一座阿拉伯風格的市場正在建設之中，工地圍擋外，擺滿出售各種食物的推車，烤全羊、醬羊肉，以及羊雜碎。羊雜碎似乎是回民的專營，難得看見維吾爾人經營此道，而且生意很好。不像回漢兩族那樣把羊雜碎切在碗裡兌上湯，維吾爾人的羊雜碎攤上，一張大木案，維吾爾人圍站在四周。要些什麼，老闆就在木案上給切些什麼，然後像分烤包子那樣分到面前。這邊直接用手抓起，蘸些汪在木案上的調味湯汁，張口吞下。

頗有游牧民族的剽悍之風。

吃飽，身後的案子上兩桶兌水的酸奶子，依然有盆底形狀的冰塊漂浮其中。免費，盡可舀來喝足。

沒有剽悍的胃，怕是無福消受。

最遠走到莎車火車站所在的托木吾斯塘鄉，在莎車縣城所在的莎車鎮西南。

在托木吾斯塘鄉的十字路口，意外地又發現一座六十年代的毛澤東語錄碑。沒有民豐的那座高大精美，但依然是難得一見的歷史遺存。頂部四周的毛澤東頭像，新近有重新繪彩，宛然若新。

東北側的標語是：「中國共產黨是中國人民的領導核心。沒有這樣一個核心，社會主義事業就不能勝利。毛澤東」。

西南側的標語是：「國家的統一，人民的團結，國內各民族的團結，這是我們的事業必定要勝利的基本保證。毛澤東」。

東南與西北兩側是對應是拉丁字母老維吾爾文標語。

我站在標語碑下，不到一分鐘，一輛警車在我的面前戛然停下。前排座上兩位漢人警察，詢問我的行為。得知我只是遊客以後，也未加干涉，只是提醒我不要亂拍，注意安全，儘快離開。

警車走後不到一分鐘，一輛摩托車又疾速駛來，騎車的是一位漢人，我誤以為是在托木吾斯塘鄉做生意的漢人過來看熱鬧，熟絡地拍著他的肩說著能在這麼偏僻的鄉里遇見漢人的喜悅，他卻表情嚴肅地表明身分，是鄉政府的工作人員。他關心的是我會不會是外國人，因為外國人是被禁止進入托木吾斯塘鄉的——也許禁止令只是在當下，也許是禁止進入所有的南疆鄉村。他沒有警察那樣寬泛，而是恪盡職守，雖然聽見我能說流利的漢語依然還要檢查我的身分證——後來我才明白他果然更有經驗，因為外國籍的漢人同樣還是外國人。

南疆的所有縣城都應當是安全的，即便有恐怖事件，駐軍駐警也完全有能力在第一時間處置。南疆現時的危險，主要集中在鄉村。工作在南疆的鄉村，獨自出外檢查我的身分，多少也算是孤身犯險，所以我很順從地配合他的檢查，我想這算是尊重。

此行南疆，我的善意就像是沙漠中敞口瓶中的一瓶水，每一天，水會蒸發去一切，但每一日，水又會被補充一些。無論是漢人，還是維吾爾人，他們的友好都在不斷地彌補因為某些人的惡意而蒸發去的我的善意。

可是，就在今天下午，我的敞口瓶中的水，卻忽然蒸發去許多。

在阿勒屯公園。

既然名為公園，那應當是所有人的公共場所。但是因為公園裡有清真寺，而今天又是週五主麻日，下午將會有幾乎全城穆斯林的大禮拜，於是我甚至不被允許進入公園，雖然阻止我的人身分不明，但是無疑他們認為他們是有這個權力的。

以宗教或者什麼的名義。

不斷解釋，我只是要去公園裡南邊的那排進口商品商店買些水——每個商店前都有擺放在遮陽傘下的桌椅，許多看起來頗有身分的宗教人士以及維吾爾上流人士坐在那裡，抽著煙，喝著水。——終於有位好心的可以說漢語的維吾爾人首肯，並且解釋說，不讓我進去只是因為擔心待會兒太多人要湧進公園的時候，我沒有辦法出來。我寧肯相信他的這種解釋，雖然我明知並非如此。

我在第一家店裡買了一瓶飲料，坐在傘下。片刻，又來了三兩位維吾爾人——除了我，整條阿勒屯路上不會再有第二個漢人——店主走出來，把我身邊的椅子與桌子另擺在一起，調整了遮陽傘的方向，我被孤立在陽光下。我識趣地起身，走開。

我只是想留在阿勒屯公園裡看一看穆斯林們的大禮拜。大部分人會在公園裡禮拜，畢竟清真寺內面積有限。也許只有像之前跪在地上，匍匐著爬進公園鐵門的虔誠老者，才會堅持在清真寺內禮拜。

在另一家店裡，我要了一份冰淇淋。

坐在門外的維吾爾人，手裡有一隻精美的玻璃杯，一柄曲柄的鋼勺，如此襯托下，一味白色的冰淇淋似乎味道不錯。

收下我的錢，老闆推開夥計準備拿玻璃杯的手，然後用維吾爾語吩咐他。夥計轉身進屋，從角落裡拿出來一隻積滿灰塵的一次性紙杯。老闆接過紙杯，對著嘴吹了吹灰，把冰淇淋擠在杯口只有玻璃杯杯口一半大的紙杯裡，扭曲著，再插上一把隨手從積滿灰塵的散放些零鈔的紙盒裡摸出的一次性塑膠勺，遞給我。

這是我的。

我錯愕地接過紙杯，我最初善意地以為他只是要排空最前一段不能食用的冰淇淋，因為之前他始終站在冰淇淋機前在調整著什麼。直到他摸出塑膠勺的時候，我才明白，這是為我這個漢人特別定製的。

我不想接受這種侮辱，把冰淇淋放在桌上，拍拍手上骯髒的浮土，然後沉默離開。

我以為，不論信仰何種宗教，禮貌總是人與人交往的基礎，這是最基本的道德。把宗教教義凌駕於基本的道德之上，那恐怕只有當這個世界全是你們自己的，你們才不會與其他人起衝突——因為不再有其他人，就像不再有于闐人那樣。

別人的民族，別人的生活習慣，與自己的宗教教義有衝突的時候，該怎麼辦？我在青海，嚴格的蘇非派穆斯林家裡，他們依然會出於禮貌，請我共同進餐。使用同樣的餐具——我甚至主動予以拒絕，但是他們仍然堅持沒有關係。我不知道他們事後怎樣處理我使用過的餐具，但是不管以何種方法，總說明這是有解決之道的。也沒有因為我常住在那裡，他們最後淪落到沒有餐具可用的地步。

而有些人，尤其是如今愈發猖獗的有著宗教極端思想的人們，似乎把異教徒的本體就當作是有罪的。你不該出現在這裡，你不能觸碰他們的東西，一切都是禁忌，所以無論他們怎樣回報於你，都是理所應當的。

因為你的本體就是不禮貌的。

更骯髒的是，他並沒有拒絕我用來買冰淇淋的錢，人是有罪的，錢是無罪的。

廣安老闆找我那些零錢的時候，炒菜的手上依然油膩膩的。

他讓我覺得傷心。

我不再有心情去看些什麼，我也不再想嘗試去理解。

在神的世界裡，與在沒有神的世界裡，並沒有任何不同。

神愛一小部分人，神不愛大多數人。

於是阿勒屯公園裡，人們消費著中東進口的食物、飲料、香水，以及奢侈品。而當我在托木吾斯塘鄉搭上公車準備回返的時候，不遠處上來一對老夫婦。老先生走在前面，赤貧，看著讓人心碎的赤貧。幾件大小不一的舊衣裳，都沒有了扣子，一根腰帶繫在身上。

形如槁木，心如死灰。

老太太總還要體面些，畢竟是位女人，可是僅有的，也只是身上一件藍白色的棉布長裙。內裡同樣的破舊，同樣的破拖鞋，腳上滿是泥土。

後來他們在一條土路前下車，老先生向前走了一步，眼瞥見，忽然又退回來，在路旁撿起一條幾乎掩埋在灰土中的空空的有破洞的編織袋。

當人什麼也沒有的時候，一切都是可以珍惜的。

貧困才是罪惡。

貧困是所有人的罪惡。

不論是誰導致了這種罪惡，不論是誰該對這種罪惡負責，現實的情形是，在這裡的確有太多幾近赤貧的人們。

我們沒有愛他們？那你們又愛他們了嗎？那神又愛他們了嗎？

富裕的依然富裕著並且將更加富裕，貧困的依然貧困著並且將更加貧困。

我們有什麼不同？

2014.06.14 00:38 新疆喀什地區莎車縣古勒巴格路 紫薇賓館

第十三章　英吉沙

如果不是因為英吉沙小刀，我險些錯過一路至今，我最喜歡的一座南疆縣城。

英吉沙縣與我之前途經卻未留宿的策勒、洛浦、墨玉與澤普四縣相同，並非西漢西域三十六國在地，而是晚在清時民國年間後置。清乾隆二十四年，平定大小和卓之亂以後，劃英吉沙為中等城；光緒九年，置英吉沙爾直隸廳，隸屬喀什噶爾道；民國二年，改置英吉沙爾縣，後定名英吉沙縣。英吉沙小刀是英吉沙縣的特產，聲名遠播，略作猶豫，決定因物產而來英吉沙。

僥倖如此。

英吉沙爾，音譯自維吾爾語：「Yengisar」，意為新城。在英吉沙縣縣城所在的英吉沙鎮，英也爾路，英吉沙縣公安局對面，依然保存著一段英吉沙爾城的夯土城垣。因為縣治變遷，南疆西漢西域三十六國故城蹤跡存留不少，反而清時以後的縣城城垣並不多見。

一段南北走向的城垣，東側是維吾爾人倚垣而建的土屋，西側是英吉沙縣的商業步行街工地。總算工地沒有毀損城垣，並且磚砌了牆基。根據立在城垣之上的文保牌的資料，英吉沙爾城始建年代約在清乾隆四十一年，建成約在嘉慶五年。「原古城東轉北、北轉西、西轉南的方向而建成。」在南疆，許多漢語標牌，明顯是由維吾爾人根據維吾爾語翻譯而來，頗讓漢人費解。我的理解，大約最初的英吉沙爾城，略呈三角形，所以只在東西北三側城垣置城門。道光六年，英吉沙爾遭「加汗格霍加」毀城。「加汗格霍加」，原文如此。霍加，即大小和卓之「和卓」，音譯自波斯語：「Khoja」，意為「聖裔」，指伊斯蘭教先知穆罕默德的後裔。清時以後，漢譯寫作「和卓」、「霍加」或「和加」。加汗格霍格，「Jahanghir Khoja」，漢語普遍譯作「張格爾」，即大和卓波羅尼都之孫，生於浩罕汗國並由浩罕汗國支持，自嘉慶二十五年起，張格爾三次潛入南疆發動叛亂。其中以道光六年叛亂規模最大，先後攻佔喀什噶爾、英吉沙爾、葉爾羌與和闐等城。英吉沙爾城毀，即在此役。

道光八年，張格爾亂平，解送至京處死，並重建南疆被毀諸城。現存的英吉沙爾城垣遺址，即為道光八年所築。

莎車客運站，發往英吉沙的客車最小，班次最少。早班客車，居然不是在一以貫之的十點，而是延後一小時的十一點，可見由莎車前往英吉沙的旅客寥落。

如同民豐至于田的班線，又是一輛小型客車。前排的維吾爾乘客已經不耐久候，倚著車窗，沉沉睡去。

清晨的莎車客運站，漢人旅客其實很多。大多踏上左右發往葉城與喀什的客車，背著鋪蓋卷，穿著土製的布鞋，應當是從家鄉初來南疆。其實，在漢人的世界裡，貧困又何嘗比新疆少？同樣貧困的村落，同樣貧困的人們，背井離鄉，努力生存。

意料之外的是，居然有一位漢人，提著一牆面塗料桶的行李，踏上了英吉沙的客車。

皮山以後，我的第一位漢人旅伴。

小張，河南內黃人，在莎車縣城的液化氣加氣站後的建築工地當裝修工人。

二十八歲的他，在老家已經有了兩個孩子。都是女孩子——我並沒有問孩子的性別——他主動告訴我，大女兒五歲，小女兒三歲。媳婦又懷孕了，三個月上，一檢查還是女孩子，打掉了。「家裡人想要男孩子。」他解釋道，我倒是相信他的說法，因為說些這些的時候，他依然像我們開始談話時那樣輕快，沒有半點的沉重。

「如果是兩個男孩子，一輩子都得打工。」

小張很早就開始浪跡社會，十二三歲的時候，跟著哥哥跑車。短途客車，往返內黃與安陽，對於公路客運，他是深諳此道。他的結論是，「只有賣人才能賺錢。」我想起那年從吉木薩爾回烏魯木齊的時候，被昌吉客車兩次轉賣給其他客車的經歷。賣人的客車賺錢，收著更遠路程的錢，只跑了更短的路程。買人的客車不賺錢，不過彼此買來賣去，倒也是無所謂。

然而後來生意不好，就沒有再跑客運。同鄉，有兩個人最初來到英吉沙，做裝修工程，慢慢地做成了老闆。於是打虎親兄弟，手下的裝修工人，全部是從內黃招來的父老鄉親。在南疆，或者在任何其他地方，外地人大約都是以這樣的方式開始聚居。看似必然，又那麼偶然。一個村子，同鎮同鄉的，最初背井離鄉出外討生活的人，不知道因為什麼左右著他去到哪裡，紮下根，然後幾乎便決定了所有出外打工的同鄉的命運。

就像在莎車客運站外的樓房牆體上，居然專門廣告著一條線路：莎車至南充。

小張已經是第三次來南疆。四五年前，第一次來的時候，在南疆待了九個月，卻只等到了一個月的活兒。第二次來，三個月，又只有一個月在工作。這次來南疆，三個月，卻工作了兩個多月，是收入最多的一次。

可是，他來英吉沙，卻是逃離。下午去英吉沙火車站買票去吐魯番，然後再坐皮山客車上認識的老王回家的那趟開往成都的火車，到鄭州，再轉客車回內黃。

三天時間。

這次來南疆，前一個月的工作工地在英吉沙，「英吉沙很好。」

可是，莎車工地缺人，老闆才把他派到莎車。「害怕。」他反覆說，「害怕。工地上天天晚上聚著很多人，一直到早上四點。害怕，不敢睡覺。」工地上的五個人，加固了房門，每人放把鐵鍬在床頭，但還是害怕。五六點才敢睡覺，受不了。

前前後後，莎車工地上已經走了十幾二十個人。這一批五個人，已走了兩個。

他也決定離開。剩下的兩個同鄉，其中一位央告他，因為自己暫時還沒有足夠的錢買票回家，想請他先墊錢買票，回家再還，而且另外請他喝酒感謝。「我沒幹。」小張說，「我也緊張。」

的確，工作兩個月，即便全部工資已經結清——這幾乎不可能——除去吃喝以及寄回去的養家錢，還能剩下多少？莎車回內黃，不是安陽回內黃，迢迢萬里路。

別的工地上，有工人被打。小張說，「他更害怕。」然後用手比劃了一個劈砍的動作。他知道的，臨近工地那座加氣站的鄉里，有不少河南人在那裡承包核桃林。承包款，一畝地五萬塊錢——只是不知道承包期幾年——已經掛果，都快成熟了，可是都跑了。錢也不要了，果樹也不要了。

「命要緊。」

「塔縣最好。」南疆的漢人，簡稱塔什庫爾干塔吉克自治縣為塔縣。

小張覺得在他所有工作的縣城裡，塔縣最好，英吉沙也好，只是沒有北疆的塔城氣候好，「這個天可以蓋被子睡覺。」

「喀什亂，莎車更亂。」

然後他指著停在左邊開往巴楚的客車說：「巴楚最亂。」

倒是說中了我的痛處，此行南疆，最讓我擔心的也是巴楚，遠甚皮山莎車。

地理位置上，莎車恰在英吉沙、葉城與巴楚的三岔路口。三一五國道，東是葉城，西是英吉沙；另外一條二一五省道，向北直達巴楚。

小張說起這趟來的時候，同鄉一起坐火車，慢車，繞道內蒙古包頭。同鄉裡最小的孩子，才剛二十歲，哭了一路。

想家。

到了吐魯番，一個孩子實在受不了，家裡也打電話來，半途給勸回去了。另一個，他們生拉硬拽給帶到了英吉沙。沒有想到，這才短短三個月，卻就要回去了。

「又哭。想家。」

「也害怕。」

來也傷心。

去也傷心。

莎車、英吉沙兩地之間，雖然理論上有三一五國道與吐和高速並行，但是所有汽車選擇的都是吐和高速。三一五國道在這一段，已經破敗得不堪通行。

我的旅行，最不願選擇的交通工具，就是經由高速公路的客車。雖然可以節約些時間——而我又恰恰不趕時間——但是高速公路兩旁卻沒有風景。

綠洲時有新植的白楊，戈壁時是一望無際的戈壁。

什麼也沒有。

好在乍見英吉沙，便感覺喜悅。不大的縣城，整潔而安靜。

沒有到英吉沙客運站，已經在色提力路上看見葉城住過的閩渝賓館。有些恍惚。更恍惚的是，居然又撞見在葉城的賓館裡，招呼我吃肥腸與空心菜的重慶老闆。

我簡直以為我搭錯了車，又從莎車回到了葉城。

重慶老闆說這邊的店裡有些事情，他昨天才過來。之前在塔縣還有一家，只是在小張最喜歡的城市的那家賓館，卻先關了張。

補去客運站，打聽發往疏勒的客車時間。莎車時少此一問，便多在客運站裡等上了一個小時。

途中經過英吉沙縣文化體育廣播電視局，大院裡發射塔上的喇叭，正播放著時下流行的歌曲。

又是恍惚。

且末以後，所有維吾爾人司機的客車上，無一不在旅途中，在車載電視裡反覆播放著維吾爾民族流行音樂電視。當然，熟悉旋律與內容的維吾爾人是非常喜歡這種音樂電視的，遇見司機喜歡的，還會特意把音量調至震耳欲聾。音樂電視大多是烏魯木齊的影視公司拍攝的，演唱者五花八門，以中年發福的男人居多，輔以年輕人和孩子。女歌手很少，但是伴舞與音樂電視中的女主角，卻大多是世俗化的穿著裝扮。

我注意過客車裡身穿罩袍配戴頭巾的維吾爾姑娘們看著那些音樂電視時的表情，可是卻很難從她們一成不變的面孔與眼神中解讀出什麼。我完全不知道她們目不轉睛注視著的，只是音樂電視，還是音樂電視裡與她們生活迥然不同的漂亮維吾爾姑娘。

廣播電視局對面，又見著一家四川菜館。

可是在英吉沙，我卻結結實實地上了安徽同鄉一當。莫怪問起老闆家鄉在四川何處時，老闆支支吾吾地顧左右而言他。後來熟悉了，才知道夫妻倆居然都是安徽臨泉人，和四川全無關係。

安徽人做的四川菜，大約和四川人做的手抓飯一樣不堪。

夫妻倆之前在浙江打工，卻不知怎麼陰差陽錯地來了英吉沙。問起他正在做作業的兒子，「家在哪裡？」

「新城區。」

「我是說老家在哪裡？」

「東陽。」

已經是罹患身分認知障礙的孩子。

有趣的，是他們招聘的普通話標準的服務員。

小姑娘的母親從廣西賀州來到英吉沙，在英吉沙生下了她。她說自己是新疆人，說著標準的普通話，卻長著南方人的面孔。

她似乎並不甘心只待在英吉沙，英吉沙太小了。她打聽我都去過哪裡，然後幽幽地說，她只回過老家，只去過湖南、湖北。

人們天性似乎便是要走遠的。

如果有機會的話。

有些人萬里迢迢地來。

有些人萬里迢迢地走。

走的時候，我問她，知不知道英吉沙的清真寺在哪裡？

她不知道。

思來想去，她說只有鄉下才有清真寺，城裡不讓建清真寺。

可是，事實上，英吉沙大清真寺就在緊鄰色提力路西側的阿特巴扎路上，與姑娘天天工作的飯店，直線距離只有百米。

一座大清真寺外，還有不計其數的小清真寺。

姑娘是出生在英吉沙的英吉沙漢人，她並不是初來乍到的外鄉人。當然，作為外鄉人的賓館與飯店老闆也不知道。可見在英吉沙，漢人之於維吾爾人的生活，幾近形同陌路。

阿特巴扎路，與阿特巴扎路左右的阿依丁庫力村、達西喀力克村，依然整潔而安靜。縱橫的街道裡，清真寺外，還隱藏著自明清時遺留下的古跡。始建於清初的麥德里斯——穆斯林的出殯之地；阿特巴扎——民國維吾爾巴依努拉洪修築的維吾爾民居。

這並非是令我愉悅的。

令我愉悅的，是生活在這周圍的人們，不再像莎車那樣冷漠，開放而友善，是南疆一路而來，得到最多反饋的維吾爾村落。

步履蹣跚的孩子笑著跟在媽媽後面，年輕的媽媽居然對陌生人的示意回報以微笑，像她們還是女孩子的時候那樣。後來，又在窄巷遇見，迎面走來，她似乎決定裝作無視然後默默走開，可是走近了，她還是些許地抬起頭，羞赧地以微笑再次問候。

還有，居然有一位站在窄巷裡，正在與門內的人們聊著天的女人，在我走過的時候，招呼我：「哎，就是你。」

她的漢語口音很重，但是我能聽懂的有，她問我在做什麼，問我從哪裡來。她告訴我，她就出生在這裡，阿依丁庫勒。

然後微笑著與我頷首道別。

孩子們，最漂亮的那個小姑娘，站在虛掩的漆成寶藍色的木門外，悄悄笑著。

我後悔我當時為什麼覺得突兀地拿出相機給她拍照是不禮貌的，我越向前走，後悔越拖得我走不動路。

轉身回去，她卻已經退回家去，空留著一扇緊鎖的寶藍色的門。

還有阿特巴扎路，滿是鐵匠鋪的阿特巴扎路。

大清真寺旁的農具鋪裡，守著鋪子的男孩子，捧著碩大的水舀，正喝著新舀的冷水。

忙前忙後的老鐵匠，大笑著用維吾爾語招呼著我，雖然明知道我聽不懂，但卻並不影響他繼續用維吾爾語說完他想和我說的話。

艾力盤腿坐在新鑄成的一堆馬掌旁邊，守著鐵砧，一根根地錘打修整著鑄成的鐵釘。

艾力接手這家鐵匠鋪已經二十年了，從他父親手裡。而他的父親，又是從他的祖父手裡接下這一切。

明天禮拜天，有大巴扎。馬掌與鐵釘是明天大巴扎上的商品，我決定留在英吉沙，去大巴扎上看艾力釘馬掌。

艾力的手上滿是傷痕，皮膚粗厚龜裂。這樣的手，大約是沒有機會去握著莎車阿勒屯公園裡的進口奢侈品的。

但是，他會與我握手。

和我說：「巴扎見。」

2014.06.14 22:29 新疆喀什地區英吉沙縣色提力路 閩渝賓館

第十四章　英吉沙・疏勒

英吉沙的巴扎，在縣城西北，城關鄉去往喬勒潘鄉的路上。

準確地說，是在英吉沙縣城關鄉五村綜合市場左右。九點過去的時候，時間還有些早，最多的是從鄰近村裡，趕著驢車過來出售自家地裡蔬菜的維吾爾老鄉。一編織袋青辣椒，隨便停在菜市場門外的哪裡，招呼著往來的人，甚至於是明顯不像來採購的我。有些心切，也許賣完了這些，才好有錢在將熱鬧起來的巴扎裡買些別的東西帶回家去。

人行道邊的小攤，一張矮桌，桌上一張鐵盤，一碟白砂糖。女主人坐在桌後，面前煤爐上一口家用的鐵鍋，鍋裡滾燙的油，一雙長筷翻動著熱油裡浮沉的油炸糕。

豪氣的瓜販，拉來滿滿幾輛加長載重卡車的西瓜，站在車幫上，一隻一隻拋下來，底下躉瓜的小販，就勢弓腰接著，碼在澡盆一樣的鐵皮盆裡。鐵皮盆架在台秤上，一百斤，幾百斤，夠數了，幾個人抬上自家的三輪車，不知道販去哪裡的瓜攤。

一隻隻洗淨了，攤在澆水的毛氈上，手臂長的切瓜刀，一牙一牙切開。圓瓜縱著一破兩半，切出小牙，一牙一塊錢；長瓜同樣縱著一破兩半，切出的瓜牙更長，兩塊錢一牙。沒人來吃，手裡揮揮著蒼蠅，嘴裡招呼著客人。走乏了，口渴了的行人，攤前站定，或者自己揀一牙，或者老闆直接遞過來一牙，一撇兩半——不然兜中間一口，兩邊鬢角便滿是西瓜汁瓤了——囫圇幾口，啐出瓜籽兒，再以牙代刨地遛上幾口，兩手裡便只剩下青綠的瓜皮。扔進瓜攤前的瓜皮簍裡，定一定，盤算一下兜裡的錢與肚子裡的分量，或者給錢走人，或者再來一牙。

機靈的老闆，電光石火之間，一牙已經又遞上來。遇著我這路臉皮薄的外鄉人，只好接過來，再嗑一牙。然後不待吃完，錢已經拿在手裡，老闆也便只得作罷。

內地不多見的，是滿滿一板車蒙在毛氈下的冰塊。

西域的夏天，酷暑難耐，來一碗加酸奶或者糖醬的刨冰，實在愜意不過。講究些的，已經與大城市別無二致，有專門的刨冰機，製冰刨冰一氣呵成。但是在老城裡，或者鄉下，吃的依然還是傳統的，怕是傳統延續幾百年的刨冰。板車上的那些冰，似乎是從冰窖裡躉來的。漢人也有同樣的傳統，北京至今還保留著幾處名作冰窖的胡同。冰是冬天開的大塊河冰，儲存在深埋地下類似地窨的冰窖裡。夏天用冰的時候，再開窖取冰。我之所以以為巴扎上的冰也來自冰窖，是因為大多數的冰塊外表甚至內部都夾雜著草葉泥土，如果是現代制冰機的產品，即便搬運過程中沾染泥土，也不至於深入內部。——在越南，店家夏天也是零買冰販躉來的冰塊。但是越南即便冬天也難得有厚實的河冰，所以冰塊均為機製，形狀四方，與巴扎上各自成形的冰塊迥然不同。

路旁做油炸糕的小攤也買來一塊，盛在鐵盆裡，架在木凳上，穿著漂亮的粉色裙子的女兒，正在想辦法把冰塊表面的泥土雜質除去。先用水澆，融去外表的浮土。嵌入冰體的草葉，用刀一點一點剮去。小姑娘哪來多大的力氣，看著著急的父親埋怨上幾句，去相鄰的小攤借來一把剁肉的斧頭，三下五除二，冰塊看起來差不多已經通體潔淨。

——剩下的工序，就是把冰塊碼在木桌上，最矮的桌角下，一隻小桶接著融化的冰水。要有一塊厚實的棉布蒙住冰塊，減緩融冰的速度。有客人坐下，這邊得抄起一隻敞口海碗，就著冰塊，一刀一刀地劈剮，碎冰四濺，海碗裡接著大半碗，怎麼也得浪費去小半碗。然後勾兌上酸奶，或者別的什麼，一碗蒸騰著水汽的傳統刨冰，便捧在了客人的手裡。

忙了半晌的小姑娘，拿出一隻小搪瓷杯來，舀起鐵盆裡融化的冰水，美美地喝了起來。

維吾爾人嗜腥膻，嗜生冷，即便孩子，也是從小如此。漢人卻把自己的腸胃嬌慣得愈發怯弱，一口冷水都會脾胃失調，五行紊亂，天地逆轉，在南疆時間越久，越是不屑如此。可是剽悍的腸胃確實也是需要從小練就的，我強撐著依維吾爾人的方式飲食，可惜腸胃卻總是敗我興致。這也許是另一種由儉入奢易，由奢入儉難。不剽悍，若是遇著剽悍的時代，怎麼辦？

喬勒潘路漸成巴扎的起始處，路旁是店面不小的坐商。即便是早飯，也是各色飲食皆有，包括抓飯。

臨近著巴扎的愛力吾祖爾艾爾坑江英巴扎快餐——抄也要抄上半天的長店名——手抓裡的羊肉實在新鮮。與皮山以外的其他南疆縣城同價，二十塊錢一盆。不過，卻有兩大塊連著肥油的羊骨肉。所以這樣一同煮出來的抓飯，也更油膩，盤底汪著淺淺的一層羊油，痛飲磚茶，依然覺得無法解膩。

店裡店外生意極好，除了幾位兼顧著烹飪的年輕人，忙前忙後的還有五六個五六歲的男孩子。最大些的，看著也不過十歲出頭的模樣，繫著藍布圍裙，手腳不停的，卻總是被大人們訓斥著。小的孩子，怯生生地散開在客人們的桌前，努力讓自己更有眼力見兒，幫我拿一隻茶碗，幫他取一把勺子。可仍然難免地，被吼上幾句。

不知道他們是因為今天周日的關係臨時幫忙，還是平日裡便已經幫著家裡經營。但是無疑的，在南疆，在縣城裡，即便是許多男孩子，也是一句漢語不會說——我只能以此推測他們似乎已經早早輟學。在莎車，尋找阿勒屯路清真寺的時候，迎面撞著七八個男孩子，十三四歲到十七八歲的年紀，我問領頭的最大的孩子清真寺在哪裡。他搖搖頭，用維吾爾語回答我，意思應當是聽不懂我在說些什麼。

莎車與英吉沙，簡直別如泥雲。

整座英吉沙縣城，不但沒有像莎車那樣形如戰壕的武裝崗哨，甚至連武裝警察例行的街頭巡邏也全然不見。

英吉沙巴扎與縣城中心的相對位置，遠遠偏僻過莎車縣的加氣站，可是在英吉沙的巴扎附近，不但有漢人的店鋪，而且縣城裡漢人餐館的採購也在巴扎。騎著電動三輪車的大廚，油漬麻花地扎過來。是好主顧，就不要論其他。這邊相熟的維吾爾菜販，馬上圍過去，漢語不錯地問著今天要些什麼。

正在巴扎的中心，也有一處建築工地。建築工地裡的漢人，三五結隊地在巴扎裡遊蕩，買些雜貨，或者瓜攤前吃一牙西瓜。悠閒自在。莫怪昨天莎車同車而來的內黃人小張會說英吉沙和塔縣一樣的好，可惜老闆把他分配到莎車，如果仍然能留在英吉沙，那他現在說不定也會出現在巴扎上，而不是回家的火車上。

英吉沙的維吾爾人，普遍漢語很好。我在菜市裡遊蕩，正在碼貨的出售日用食品雜貨的攤主與我寒暄。一瞬間，我居然想起了在山西介休遇見的河東老裴，因為攤主也在和我說些「結婚了沒有？多大年紀？」「哎呀，老了老了。趕緊結婚吧。」一如我遇見的那些有些固定思維模式的漢人。

我真高興能和他這樣聊天，雖然他不斷地在說我老了老了。可是他的生意已經開始忙碌了起來，這邊提著甜瓜的男人要買一袋幾斤裝的大袋掛麵，那邊兩個女人詢問著哪種洗衣粉更好——我這麼猜測他們反覆比較的意義。攤主退回攤位後面，拿塑膠袋裝貨，收錢找零。沒奈何，只好揮手道別。

當他知道我是旅行的時候，笑著和我說：「我們新疆好不好？我們新疆亞克西。」

我們的新疆亞克西。

遺憾的是，沒有能找到鐵匠艾力。

也許是鐵器巴扎另在別處，也許是時間還早，艾力還沒有過來擺攤，我怎麼也沒有能找到他。

其實即便見著艾力，又能怎樣呢？艾力打的是馬掌，英吉沙的漢人是用不到的，艾力的生活與漢人並沒有什麼交集。

問題就在於此。

在南疆，甚至北疆，共同生活在一座城市裡，可是大多數維吾爾人的生活與漢人的生活全無交集。漢人做著漢人的生意，超市旅館還好，飯館絕無可能有維吾爾人光顧；反之亦然，不同的只是漢人會偶爾光顧維吾爾的飯館而已。

至於其他，彼此的思想，即便近在眼前，瞭解的渠道也是來自不知道哪裡的傳言，正確的以及錯誤的。或者是想當然，維吾爾人一定怎麼樣，漢人一定怎麼樣。

沒有溝通的意願，當然很多時候也沒有溝通的渠道。

擦肩而過，形同陌路。

疏勒縣與喀什市相距大約十公里，一路公車往返兩地。

疏勒與喀什並無不同，也許只是稍遜繁華。一路公車終點站在張騫公園，一尊青銅鑄就的張騫銅像，清冷冷地佇立在我入南疆以來最為酷熱的陽光下。漢式建築的疏勒歷史博物館，館門緊鎖。自入和田以後，和田博物館、莎車博物館與疏勒博物館，館館閉館，不知所為何故？

疏勒，西漢疏勒國地。「疏勒國，王治疏勒城，去長安九千三百五十里。戶千五百一十，口萬八千六百四十七，勝兵二千人。」疏勒國地，相對於現在的行政規劃，大致包括伽師、岳普湖、英吉沙、疏附、疏勒以及阿克陶縣城周圍平原。西域大國。

東漢光武帝建武十四年以後，強盛而起的莎車兼併疏勒。于闐攻滅莎車後，疏勒國役屬于闐。其後，龜茲攻殺疏勒王，東漢軍司馬班超由于闐至疏勒，助其復國。數度反復之後，至受東漢冊封漢大都尉的臣磐為疏勒王時，疏勒漸盛，複為西域大國。

北魏以後，疏勒為柔然所據，北周至隋時屬突厥。

唐時，疏勒歸唐。龍朔元年，疏勒置佉沙都督府，上元二年，改為疏勒都督府，為安西都護府四鎮之一。

喀喇汗國，國都巴拉沙袞，陪都喀什噶爾。喀什噶爾首現於史籍之中。喀什噶爾，Qeshqer。Qesh意為各種顏色，Qer意為用磚砌成的房屋，Qeshqer即為各色磚屋之意。

喀什噶爾是伊斯蘭教東傳新疆的起點。

清時，喀什噶爾的建制頗為複雜與混亂，但這也是必須釐清的，因為事關喀什與疏勒、疏附二縣。

乾隆二十四年，平定大小和卓叛亂之後，清政府在喀什噶爾設參贊大臣一員，總辦天山南路八城——喀什噶爾、英吉沙爾、葉爾羌、和闐、阿克蘇、烏什、庫車、喀喇沙爾——事務；二十七年，在今喀什市區西北二里處築徠寧城，或稱漢城；道光六年，徠寧城毀於張格爾叛亂。七年，重築漢城，名恢武城；光緒八年，置喀什噶爾道，道員駐恢武城；九年，置疏勒直隸州，並在喀什噶爾道城置疏附縣，意為附屬疏勒直隸州，由疏勒直隸州所轄；二十八年，升疏勒直隸州為疏勒府，轄疏附、伽師二縣與巴楚州。疏勒府本府，大致包括今伽師、岳普湖二縣與阿克陶縣部分；至三十四年，喀什噶爾道轄疏勒府、莎車府、和闐直隸州與英吉沙爾直隸廳；民國二年，疏勒府本府改為疏勒縣。

而如今的喀什市，直到我此行用以規劃路線的民國三十七年版地圖上，仍然不見。建置之晚，實在是大多數人難以想像的。一九五二年，才以疏附縣一區建喀什市。

於是，喀什市成為新的喀什噶爾。

往來喀什與疏勒，必經喀什南關。

而在喀什南關，有我一路而來遇到的最為邏輯混亂的檢查站。當我坐在英吉沙來喀什的長途客車上時，被截停，逐一通關查驗身分證；當我坐在疏勒來喀什的公車上時，安然而過。而英吉沙至疏勒間，並沒有額外的檢查站。

我有些恍惚。如果恐怖分子從英吉沙坐長途客車而來，然後在疏勒下車，多花一塊五毛錢的犯罪成本轉乘公車，怎麼辦？

喀什本身就是一座邏輯混亂的城市。

人們，遊客從四面八方來到喀什，來喀什看南疆。可是喀什除了地處南疆，與南疆還有什麼關係呢？

作為地處南疆的，現代化程度最高、世俗化程度最深的城市，喀什與烏魯木齊並無不同。

當我遊蕩在喀什，無論新城舊城，無論如何，我都無法將喀什與一路來時見著的南疆關聯在一起。

一片建築在高土台原上的老城，支離破碎，卻有著導遊的指示牌，有經營旅遊商品的商鋪夾雜其中。哪裡有于田或者英吉沙老城的完整與幽雅？

艾提尕爾清真寺在禮拜時間，也在門內立起了禁止參觀的告示牌，但那也意味著在穆斯林每天五次的禮拜間隙，便是可以買票參觀的。如果像在皮山、莎車清真寺，接近都那麼困難，遑論參觀？

不過，這卻是我樂意見到的南疆。

雖然我知道這並不真實。

我返身回到了喀什客運站，買到明天去塔什庫爾干塔吉克自治縣的客車車票。座號：一。

我想去看看塔吉克人。

可是，我想看到的是起碼要比塔吉克斯坦的平原塔吉克人生活更好的高山塔吉克人。

我不想再看到貧困，我更無意於把那些因貧困落後而生的木訥讚美為純樸——那是可恥的。

雖然我知道這並不現實。

那權作是退避三舍吧。
退避酷暑，退避南疆。

2014.06.16 02:27 新疆喀什地區喀什市吐曼路

清真寺　皮山

維吾爾小姑娘　皮山至葉城長途客車上

維吾爾鐵匠艾力　英吉沙

老城　喀什

第十五章　塔什庫爾干路

清晨，在喀什客運站，在開往塔什庫爾干的客車上，如果不是坐在我身邊的儀隴男人提醒，我險些流落在阿克陶縣蓋孜村，擠坐在邊防檢查站內的座椅上，等待著不知道時候才能有的回返喀什的客車。

我的旅行，除卻大致的方向，便不再有其他的計畫。明天的去處，只是今天的臨時決定，至於去到那裡做些什麼，唔，到了那裡再說吧。於是，我為這樣疏忽草率的旅行付出了代價。

已經來南疆十幾年，全家都在塔縣的儀隴男人，已經顯得蒼老。包袱卷兒安置在行李廂，手裡只有一瓶紅茶，橫著握過來，再豎著握回去。有一搭沒一搭說著昨天喀什的酷暑，說著塔縣涼爽如深秋的夜，忽然問我：「你辦邊境通行證了吧？」

語氣就像是問我：「你買車票了吧？」

我的回答讓他瞬間出離憤怒：「什麼?!」

我真的不知道來塔縣需要辦理邊境通行證，從來沒有人告訴我，甚至昨天賣我客車車票的售票員。我下車向在站裡閒聊的司機確認，他的回答不容置疑，沒有邊境通行證，是無論如何不可能來塔縣的。

我在整整一客車不可思議的眼神中灰溜溜下車，退票，然後找出租車去喀什邊防支隊。辦證大廳裡，隊伍不長，可隊伍卻一直那麼長。負責辦證的邊防戰士，操作並不熟練，以致辦證效率緩慢。無可奈何，只好央告排在隊首的一家四川人，還好大家都很理解我的愚蠢，為了不至於讓我再錯過十一點的末班車，——喀什客運站每天發往塔縣的客車只有兩班，九點半的早班車是固定班次，十一點的末班車卻是機動車次，如果乘客太少的話，便會取消班次。——他們讓我插隊在前。

於是，我終於在十一點前趕回喀什客運站。偌大的停車場裡，換作小型客車的塔縣班車，裡裡外外，空無一人。

沒有上報班次，客運站甚至不再出售車票，是隨時取消班次的意思。

我有些絕望，我已經開始盤算著或者直接北上阿圖什。

巴基斯坦，果然是與中國有著偉大友誼的鄰邦。

一對巴基斯坦兄弟拯救了我，提著沉重的行李，他們篤定地開門上車，安置箱包。然後走下車來，向我伸出了友誼的雙手。

卡謝夫（Kashif），來自巴基斯坦的費薩拉巴德（Faisalabad），穆斯林。有些白髮，看起來遠比實際年齡的四十歲顯得蒼老。一九九八年開始來中國做他的木製裝飾品生意，如今安家在喀什噶爾，最大的孩子已經十歲。

他不能說漢語，但是他可以說流利的英語與維吾爾語，以至於當他最初與客車司機交談的時候，我甚至以為司機是可以說烏爾都語的天才。

司機確定是只會說維吾爾語的維吾爾人，阿不力克木，二十多歲的年紀，熱情友好，漢語流利。他的解釋是，只要能湊夠十個人，就可以走，「最起碼夠油錢。」壞消息是，在客運站裡，只有我與卡謝夫兩個人，卡謝夫的弟弟只是來送站，並不同行；好消息是，已經有另外四位乘客打電話通知，正在趕來客運站的路上。

只差四個人。但是為了保險起見，卡謝夫與我用英語商量，然後用維吾爾語告訴阿不力克木，阿不力克木再用漢語和我確認，最終我們三方達成協議：如果實在湊不夠人數，我們願意出更多的車票錢，以彌補阿不力克木的損失。

塔縣駐喀什辦事處門前有往來兩地的私人營運的越野車，每人單程一百二十塊錢。客運站的塔縣票價五十五塊錢，所以即便我們多出一些，仍然是合算的。

好在，等到將近十二點半，客車終於湊上了九個人。雖然比起預期的人數還差一人，阿不力克木還是決定出發，並且也隻字未提讓我們再補上一位乘客票價的要求。

在南疆旅行至此，比起在內地旅行時，最為愉悅的體驗就是，做小生意的維吾爾人，從未曾欺生宰客。最近的例子，是在英吉沙，因為已經熟悉大體的價格，所以漸漸付款時也不再詢問價格，直接遞過去合適的整鈔。抓飯，我以為仍然是二十塊錢，因為有兩塊肉，算是大份的抓飯，我想著價格可能還會更高，但是實收十七塊錢；找一輛摩托車回賓館，我錯指了路，繞遠一段，實收仍然三元；從賓館去英吉沙客運站，路程不遠，一公里左右，給出租車司機五塊錢，以為是起步價，拎包準備下車時，司機又找回三塊錢，只實收兩塊錢，比摩托車還便宜，實在是我平生乘坐過的最便宜的一次出租車。

相反，漢族做小生意的買賣人，倒還是依然保持著精明奸滑的本色。在皮山的四川菜館，按菜譜點一份二十塊錢的菜花炒肉，老闆輕描淡寫地說：沒有鮮菜花用乾菜花可不可以？當然可以，但是結帳的時候，菜價卻變成了三十八塊錢，捋著菜譜向前看兩行，果然還有乾菜花炒肉一道，無話可說，一壁付錢，一壁心痛。

塔什庫爾干塔吉克自治縣，在喀什之南，中有疏附與阿克陶兩縣。地處帕米爾高原東部，西北與塔吉克斯坦接壤，西南與阿富汗接壤，南部與巴基斯坦接壤，邊境重鎮之中的重鎮。阿富汗與巴基斯坦是伊斯蘭原教旨主義盛行的地區，新疆極端宗教勢力分子，時常選擇經由塔縣偷渡兩國。

大多數人只看見塔縣的寧靜，卻不知其隱蔽處暗流之洶湧。

三一四國道過疏附縣以後，帕米爾高原，也即蔥嶺的邊緣山巒，已經隱約在天際。遠遠可以眺望見的山前的一片綠洲，是疏附縣烏帕爾鄉。雖然是週一，但國道兩側依然有熱鬧的巴扎。停車午飯，生意最好的飯店裡，裡裡外外坐滿了食客。維吾爾人，以及真真是無處不在的漢人。

看起來，幾個漢人的穿著打扮，並不像是在做工，而更像是在田地裡勞作的農民。單坐一側的男人請客，對面兩人略有些拘謹，一個勁兒地推辭著先做得的一盤拉條子，不願先吃。

可能是在這裡承包土地的河南人。

也許，對於以農耕立命的漢人，那些生於田地，並且一生未曾離開田地的人們，命運將如蜜蜂般辛苦勞作一生。而那些土地，便如花兒，不論在哪裡，眼前抑或天邊，他們總能覓到這裡。紮下來，然後在萬里外繼續著萬里外的勞作。

烏帕爾鄉，是麻赫穆德•喀什噶里（Mahmud al-Kashgari）的埋骨之地。

隱匿在一片白楊林後的，遠處的山丘上。

我無意去敘述喀什噶里，他如此偉大，他因他的《突厥語大詞典》而如此偉大，他再也無須任何讚譽，無須任何筆墨。

所以，我有意去敘述的，只是客車裡好不容易湊在一起出發的這幾個人。

趕來客運站的四個人，四個塔吉克人。爺爺，他的兒子與孫女，還有一個也許是他仍然獨身的小兒子。

客車裡空落落的，爺爺獨自躺在最後排的長椅上，只是在停車的時候，坐起來，張望著發生了些什麼。高高的個子，卻瘦到無可再瘦，一抹白鬍子，一身中山裝，一頂幾乎是塔吉克人用以標識族別的黑絨圓高筒帽。輕飄飄地下車，輕飄飄地上車，幾次司機發動引擎準備繼續趕路的時候，卻要張望著車外，等著老人從哪裡輕飄飄地走來，拉著扶手，上車坐在空著的售票員的座位上，歇口氣兒，和司機聊上幾句，再弓著腰，走回後排坐下，慢慢躺下，彷彿不曾存在。

他的小兒子獨自坐在他前面第二排，不言不語。他是個非常英俊的男人，如果他能夠出生在大城市，出生在一個富裕的家庭，也許會是很多人的偶像。可是現實是，他木訥地坐在那裡，指甲縫隙裡滿是污垢。唯一看見他的笑容，是在烏帕鄉的午飯以後，他與他的兄弟落在最後，他的老父親站在車門探頭四顧張望。後來兄弟倆終於跑了回來，他提著一袋新買的烤饢，調皮的孩子做了壞事被發現後羞澀地笑著，從老父親閃出的縫隙裡擠上車，抱著烤饢，重歸平靜。

我卻沒有留意他的兄弟，只隱約記得他沒有他的弟弟英俊，面頰上的皮膚更紅，久居高原被陽光炙灼出的紅。我只是在留意著他的女兒，梳著四根細細的小辮子，三根在後，一根在前。實在太害羞了，總是躲在父親的懷裡，我一直惦記要給她拍照，可是總也沒有機會。直到讓我險些流落在那裡的蓋孜村，蓋孜邊防檢查站，所有的成人們步行通關接受檢查，只有她自己被留在客車上。她跪在座椅上，等著父親回來，像獨自在家守夜的孩子。我出現在窗外，雖然不是父親但總算是一個熟悉的人，可以讓她感覺些許的安心，於是她不再躲藏，笑了起來。越笑越開心，以至於笑得都改變了模樣。她原本更漂亮的。

蓋孜邊防檢查站左右，有許多簡陋的商店，一間土坯房，一間鐵皮房，或者一間木屋，出售些最簡單的食品與飲料。往來蓋孜檢查站的車輛非常多，往來喀什與塔縣的，往來喀什與巴基斯坦或者塔吉克斯坦的，還有更多的工程車輛。

阿克陶縣境修築在塔什庫爾干河河谷中的三一四國道，正在整體重修新建，加上奧依塔格、蓋孜、布侖口—公格爾水電站與公格爾隧道的建設，穿越阿克陶縣，等於穿越一處巨大無比的建築工地。簡直沒有盡頭。

無數的建築工人，圍繞著他們的建築工地生活著。藍白色的工棚、借用的土坯房，或者是幾頂帳篷。日常吃用，自然是由工地負責，可是多少還有些零花，買包煙，買瓶酒。就是這麼一些微小的需求，依然有人會為其中不多的利潤，萬里迢迢地趕來——也許就是工人們的家人。於是簡陋的商店，隨著工地鋪展著。條件遠比蓋孜村的更為簡陋，不再聚集在一起，孤零零的一處。沒有水，沒有電，最好的，是在屋頂支起兩張太陽能電池板，一切關於現代化的用度，僅繫於此。

坐在我身後，在喀什客運站最後上車的甘肅武威人說沒有修路之前，從喀什到塔縣的車程是五六個小時，而現在需要七八個小時。不過如果修好以後，像環繞布侖口水庫如畫的一段路程，那時候來塔縣可能會更快。

武威人有地道的西北口音，一切認可，喜歡說：「就是。就是。」

他穿著一雙布鞋，軍綠色的制服褲子，只提著一隻藍色的無紡布口袋，模樣像是舊時代的幹部。也有幹部的矜持，不喜歡我的探問，回答似是而非。

「去塔縣出差？」「就是。」

「那過兩天還回喀什？」「就是。」

與我同排左側的，一個年輕的小夥子，河南新鄉人。

他讓阿不力克力這趟班車的收入再少一些，還沒有到阿克陶，他便在一處名作江西工業園的路口下車。雖然仍在疏附縣境，但是已經是四望無限的戈壁，下車的三岔路口，空無一人。

我覺得這樣的年輕人才真的是有勇氣，他告訴我他是第一次來南疆，萬里迢迢的，一個人站在前途未卜的三岔路口。與我這樣的浮光掠影不同，我知道我隨時可以離開，哪怕就是明天，而他告訴自己的，一定是要讓自己努力在這裡堅持下去。

沒有風花雪月，沒有民族宗教，只有工作，只有生活。

努力地生活。

武威人的身後，是一位體格魁梧的塔吉克人，穿著運動衫，彷彿是格鬥項目的運動員出身。在烏帕爾鄉的午飯，我們坐在同一張桌上。

一人一盤抓飯。

我帶著一瓶飲料，沒有打算去喝桌上的那壺磚茶。老闆照例擺上兩隻茶碗，塔吉克人默默地拈起一隻，倒上小半碗，涮一涮，灑在地上，斟滿一碗磚茶，默默地擺在我的面前。再一碗他的。

我沒有喝飲料。一直等到他先起身，我再離開。他的抓飯吃得太乾淨了，帶骨的羊肉，發力掰開，細細吃淨每一綹碎肉。盤裡更是一粒米飯也沒有剩下，一切悄無聲息。我卻不能像他那樣靈巧地使用勺子，除非我把餐盤刮出刺耳的噪音。於是我的盤子裡滿布米粒，比較之下有些尷尬，索性等他先走。

等到他上客車的時候，一手提著兩個大西瓜，一手提著一箱牛奶，紙箱上寫著「學生飲用奶」，應當是帶給他的孩子的吧。

在距離塔縣縣城很遠的地方，也是一處三岔路口，他起身下車。那時候，忽然下起了雨，還有猛烈的風。

我打開車窗想拍一張照片，瞬間居然感覺到刺骨的寒冷。四周雪山的雪頂，卻仍然在陽光下，有刺眼的光芒。

卡謝夫著實嚇著了我。

他跟著我住進了同一家賓館，一家住著幾乎全部是巴基斯坦人的賓館。不知道是他的生意有些艱難，還是生性節儉，我既然已經尋著了便宜的賓館，但他還是希望能與我平攤一間標準間。我告訴他我要寫東西，可能會很晚，不太方便。

我本來並沒有打算寫多晚，可是他卻讓我不得不寫到很晚。深夜一點，忽然有人急促地敲我房門，著實嚇得我不輕，以為有什麼不軌的人找上門來。是卡謝夫，告訴我他的腰背部忽然劇痛，無法遏止。他求助妻子在巴基斯坦做醫生的姑姑，得到的答案是讓去醫院注射東良菪堿——一種強力麻醉品——他希望我陪他一起去醫院。

地處帕米爾高原的塔縣，午夜的街頭，感覺到冷。沒有什麼行人，有車輛鬼祟地靠近，守候在遠處的警車立即拉響警笛呼嘯而來，倒也安全。

醫院當然是不能隨意給人注射麻醉品的，要求卡謝夫必須先做超音波，以免是腎結石。卡謝夫強調他的疼痛已經持續十幾年時間，在巴基斯坦也做過全面檢查，但是醫生依然開出一百二十三塊錢的超音波檢查單。我告訴卡謝夫，所有中國醫院都是要通過檢查項目盈利的，希望他能理解。卡謝夫迅速地計算著，得出的結論是檢查費用遠遠地貴過巴基斯坦，可是如果放棄檢查，如果萬一是麻煩的疾病，他明天一早要搭汽車經紅其拉甫口岸回巴基斯坦，擔心路上犯病，猶豫以後，決定還是先做檢查。

一切正常。

一切正常，醫生當然更不能為他注射麻醉品，甚至不能開止痛藥——看來塔縣的管制非常嚴格。不過卡謝夫在做檢查以前，已經不再感覺到疼痛。

一場虛驚。

回來的路上，他和我說他先是求助賓館裡的巴基斯坦人。但是他的那位同胞卻只是告訴了他醫院的方向，並不打算和他同去醫院。而我，卻在被他驚嚇以後，還是慷慨地踏上去醫院的夜路。

在醫院裡，我告訴他塔吉克人也是可以說維吾爾語的。他當然知道，只是害怕自己的維吾爾語應付不了複雜的場合。我問他為什麼不學學漢語？卡謝夫答非所問地壞笑著說：我的漢語是和女朋友學的。

還能說什麼呢？

中巴友誼萬歲。

賓館是阿不力克木向我推薦的，他非常瞭解如我這般背包遊客的住宿需求，便宜。離開喀什，出城之前，不知道是不是因為本沒有料到今天會發車來塔縣，他的妻子等在路邊，上車來和他交接些什麼。

阿不力克木的小兒子還抱在媽媽的懷裡，大兒子怯生生地站在身旁，看著車裡的乘客，越看越害怕。阿不力克木熱烈地親吻著他的孩子們，唇對唇地親吻。不知道阿不力克木和他們說了些什麼，被抱下車去的孩子，忽然哭了起來。

阿不力克木頗為得意地回頭，衝著看著他的人們說：「我的小孩。」

他實在是一個快樂的維吾爾人，他說他以前開載重貨車，拉木材去廣州，去東莞。去過三次，他喜歡廣州，「是個大城市，什麼都有。」

可是路上很辛苦，走在長沙的高速公路上，幾個維吾爾司機看不懂全是漢字的指示牌，稀裡糊塗地走錯了路。交警自然唯結果論，大額罰單把幾個司機嚇個半死。還好他們為了安全，提前把錢藏在座椅的墊子下面，掏出身上所有的錢給了交警，終於沒有讓大額罰單罰到流落湖南。

路上很難有合適的「穆斯林食堂」，他們就隨身帶著饢和泡麵，在休息區找開水，一頓一頓對付著。他說起來，還是樂呵呵的，說那些南方的漢人司機，從來沒有見過饢，都向他們要來嘗鮮。我倒是替他打抱不平，說那些漢人司機盡佔你們的便宜。他忙辯護著說：「沒有，沒有，他們也給我們吃的。蘋果、香蕉。」

不過，現在好像一切都以「今年」成了分水嶺，快樂也好像被分在了「今年」之前。「今天的人太少。」他說，「昨天還好。」可是即便還好的昨天，也不如去年前年更好。去年，他有時候一車就拉十五個遊客，最多的時候二十個，而今年直到現在，坐他的客車來塔縣的，也不會超過二十個。

「都是些小小小小的事情，就都害怕了。」阿不力克木比劃著小指的指尖說。

而且，不知道什麼時候才是盡頭。

生活就將一直這樣下去嗎？身分證就將一直每天查下去嗎？阿不力克木從村子裡到公司，每天往返兩次，會被檢查身分證六次。太麻煩了。有一次，公司打電話來說有急事，他卻被壅堵在檢查站裡，怎麼解釋也不可以，險些和警察吵了起來。檢查了一個小時，再趕到公司，事情已經過去了。

他說：「警察就不能好好說話嗎？」他是說險些和他吵起架來的那名警察，他學著他的口氣，語音極不耐煩地皺著眉頭揮手道：「你！過來！」

而就在不久前，最緊要的身分證，卻丟了一次。

他的外套就搭在駕駛座的靠背上，結果有一天，他回到車上的時候卻發現外套不見了。他的身分證，農業銀行的銀行卡，都在外套裡。

他簡直沒有辦法出門，幸運的是，第二天，有個漢人給他打電話，說自己下車的時候錯拿了他的外套，現在人已經在澤普。可以把證卡還給阿不力克木，但是需要阿不力克木自己去澤普取。

並且，向他索要兩百塊錢。

我再次替阿不力克木義憤填膺，「憑什麼呀？他說他是錯拿的，但是他根本可能就是偷的呀。」

阿不力克木似乎沒有考慮過這種可能，略有遲疑，然後表示不屑：「那不可能。」

「沒有關係，那也比補辦方便。」

阿不力克木去了趟澤普，加上往返車費與那個漢人找藉口又多要的五十塊錢，總共花了四百塊錢。

「這還是划算的，多跑兩趟客車也就回來了。」

塔縣很小，卡謝夫說他一九九八年第一次來的時候，只是一座「Small village」。不過，現在卻多少已經有了縣城的模樣，一條東西走向的塔什庫爾干路，商鋪鱗次櫛比。最多的是賓館，旅遊開發也是塔縣的立縣之本。

賓館老闆說，前年遊客最多，滿坑滿谷，所有賓館都是住滿的。去年也不錯，可是今年已經很少再能看到遊客。

所以住在他的賓館裡的，九成是那些奔波往返於紅其拉甫口岸的巴基斯坦商人。

對於來自飽受伊斯蘭極端宗教勢力製造的各種恐怖襲擊的巴基斯坦的他們而言，新疆的這些事情實在不值一提。卡謝夫說他很喜歡喀什噶爾，大城市，熱鬧，平安。

塔什庫爾干路上，放學的塔吉克孩子們，成群結隊地走在機動車道的邊緣。塔吉克年輕人，一如其他縣城裡的維吾爾年輕人那樣，會有一輛摩托車，幾個人騎坐在一起，或者忽然呼嘯而過。街道兩側的店鋪門前，重慶、四川菜館前，漢人們聚在一起閒聊，打牌。足療按摩店，或者某些賓館的門外，坐著些百無聊賴的女人。

依然是彼此生活在一起，彼此生活卻又似乎全然無關。

2014.06.17 12:00 新疆喀什地區塔什庫爾干塔吉克自治縣塔什庫爾干路 功德賓館

第十六章　塔什庫爾干

一夜無休止的東北話、維吾爾語以及烏爾都語，直到清晨才寂靜下來。只是片刻，片刻又重新是無休止的烏爾都語，維吾爾語以及東北話。

賓館裡的東北人，與老闆同樣來自瀋陽，他們要去巴基斯坦做路橋工程。這一去，落雪之前，就只能待在巴基斯坦了。他們搭鐵嶺人經營的國際客車，就停在塔縣客運站的場院裡。臥鋪客車，人並不多，鋪位上塞滿無數的行李。

卡謝夫是賓館裡最後搭出租車去紅其拉甫口岸的巴基斯坦人，清晨他的背痛又犯，好在仍然是片刻自愈。握手道別，他希望我陪他同去口岸，拍拍照片，再自己回來。

瀋陽人問我：你是他的翻譯嗎？

我為我沒有拿到的薪水懊喪，於是拒絕了卡謝夫，我說我要去吃早飯，我太餓了。

隨口問了一句塔吉克出租車司機：中巴友誼賓館在哪裡？他手指向西南，並且也知道，關了。

中巴友誼賓館就在通往紅其拉甫口岸的中巴友誼路旁，不起眼的招牌，賓館正門開在後身院內的停車場裡，房門緊鎖。

依然還處於被查封的狀態。在平靜的塔縣，人們即便不知道中巴友誼賓館具體在哪裡，可是當打聽起來的時候，他們都會先提醒你：「關了」。以為你是要打算住宿在那裡。

大約就在一個月前，在中巴友誼賓館內抓獲三名恐怖分子。收繳的有砍刀，地圖與望遠鏡。後來從監控錄影裡看到，他們經常出現在附近慕士塔格路十字路口的農業銀行，也許是踩點。

「那裡的人最多。真嚇人。」

昨天賓館老闆和我說起來的時候，確實看得出來心有餘悸。

而且，之前還有恐怖分子在偷渡阿富汗時被抓獲，審訊時，他供述在塔縣的時候，也是住在中巴友誼賓館。

中巴友誼賓館是維吾爾人經營的，所以在漢人解讀起來，大概就成為：維吾爾老闆包庇他們自己人。

可是，就像我在南疆會選擇入住漢人經營的賓館一樣，維吾爾人必然也會選擇入住維吾爾人經營的賓館，大家只是彼此方便。如果我是一個沒有被記錄在案的罪犯，或者只是一個有犯罪意圖的初犯，賓館老闆又怎麼能清楚我的犯意，預判我的犯案呢？

風聲鶴唳，草木皆兵。

這大約就是現在生活在南疆的漢人對周遭環境最真實的反應。「如果有維吾爾人來住宿，我都先給派出所打電話，他們兩分鐘就到，查過了沒事我才讓他們住。」這是漢人賓館老闆的解決之道，無疑這是穩妥的方法，而同樣無疑的，中巴友誼賓館的維吾爾老闆肯定沒有採用這種穩妥的方法。

割裂民族，割裂社會，無疑是恐怖分子們所期望的，不幸的是，我們都在有意無意地幫助他們達成目的。

即便是在大家以為南疆最為平和安詳的塔縣，也是如此。

我們極為擅長並且熱衷的一件事情，就是將個人行為標籤化為群體行為，進而予以標籤化地喜愛與厭惡。

當然，這也是人性。馬克・庫班（Mark Cuban）在談及最近唐納德・斯特林（Donald Sterling）的種族歧視言論時說道：

> 如果在深夜的大街上，我看見了一個穿著連帽衫的黑人少年，那麼我會走到街的另一邊去。但是如果在另一邊卻有一個滿身紋身的禿頭白人，那麼我又會走回來，我並不是一個完美的人。我們都有自己的偏見與歧視，但是我們得學會控制自己。

而我覺得我們的問題在於，我們不但不會控制自己的這種偏見與歧視，有時候反而會變本加厲。比如已經將導致我們自我割裂的地域歧視，將個體行為標籤化，甚至將傳聞謠言標籤化。

而在塔縣，我悲傷地意識到，如果我們放任這種自我割裂，那麼割裂的不僅是漢人與維吾爾人，甚至包括素來與世無爭的高山塔吉克人。

有些人可能自以為自己只是在標籤化維吾爾人，那我的困惑在於，僅以塔吉克人為例，我們如何區分維吾爾人與塔吉克人，以免當我們因畏懼而疏離，或者表現出其他歧視行為的時候，誤傷塔吉克人？

語言？雖然高原塔吉克人彼此之間說帕米爾語，但是新疆的塔吉克人，兼用維吾爾語，使用維吾爾文，對於非突厥語族的漢人而言，沒有任何以語言區分兩族的可能。

人種？維吾爾人與塔吉克人血統來源複雜，呈現出相似的高加索人種或者蒙古人種混血外貌，因此也沒有什麼可以明確區分兩族的人種特徵。

服飾？這本來是可以的。但不幸的是，塔縣的塔吉克人，女性大多還有身著民族服裝的習慣，而男性基本已經身著世俗化的服裝。至於年輕人，甚至連最後可以區分民族的服飾：帽子，也很少佩戴。

走在塔縣的街頭，我努力觀察著所有人。關於他們的大多數，我在詢問我自己，如果這是在烏魯木齊或者喀什街頭，我還可以分辨他們的民族嗎？

絕無可能。

並且由於地緣、種族、語言、宗教等等方面的接近，南疆諸民族之間，彼此之間更有認同感，因此也更容易同情對方。

我們的自我割裂，可能會在最後，把所有人都推搡到對立面。

包括熱情友善，看見你坐在路邊，會停下車來，載你回家，然後擺上餐桌，端出饃饃與酸奶請你享用的塔吉克人。

我甚至感覺慶幸，我仍然能享受到塔吉克人的友誼，雖然實則他們也是怨聲載道。

那會兒，我只想走近天邊的蔥嶺，走近天邊帕米爾高原的群山，雖然已經身在蔥嶺，身在帕米爾高原。

但是，如果可能，所有的聚族而居的開始，都會選擇在水邊。塔縣自不例外，大約是在塔什庫爾干河河谷之間。雖然海拔已有三千一百米，但仍如盆地一般，四周遍布山巒。

我決定向西，正對著塔什庫爾干路西邊天際的雪頂，似乎是發生萬物的起源。自清晨到日暮，如關隘般的那處雪頂，始終升騰著雲煙，彷彿雲是被吹起的雪，或者其後是另一個世界，另一個宇宙。

最初我卻沒有找到通往天際的路，我在積滿無數鵝卵石的土地上，跨越一道又一道塔吉克人的籬笆。

那是在瓦爾希迭村，塔吉克人土夯的院落，間隔數百米的疏離地散落著。而他們的鐵絲籬笆，卻在百米外彼此相連。鐵絲籬笆內一無所有，也許有一天，他們的牛羊會從牧場回來，生活其間。

所有的樹，都種在自家土夯的院落裡，紅柳或者胡楊，挺身向上，守望者一般眺望四方。

終於找到路的時候，已經疲憊不堪。坐在路旁碩大的鵝卵石上，聽著蔥嶺的風，看著那處雪頂噴薄而出的雲，漸漸布滿天際。

一輛藍色的農用三輪車從山腳下上來，路過我時，馬散・木札菲爾向我揮手，然後指指天際，意思是我還要繼續向上嗎？

甚至沒有等到我的回應，他已經停下車來。

馬散在塔縣縣城裡給漢人老闆打工，他的羊，在紅其拉甫。

新建的夯土院子，還沒有樹能越過院牆，眺望天際。房門緊鎖，他打了電話，他的父母才從院後繞回來。他們正在努力開荒，山巒下的坡地，太多的鵝卵石，清理出任何一塊平地也是極不容易的。

馬散的母親微笑著說聲「你好」，然後徑直走向西屋。馬散的老父親緩緩走過來，笑起來，然後伸出雙手。我很想像塔吉克人那樣與塔吉克人握一次手：握起手來，抬在唇邊，然後彼此親吻對方的手背。這也許是平輩之間的塔吉克人的握手，我在街邊看見的另一次握手，一位塔吉克男人走向騎著電動車的女人，然後伸出手去，讓女人親吻他的手心。也許有趣的，正是因為我的一無所知，如果一切了然於胸，那麼我會視而不見。

但是我知道不能造次，只好簡單地也伸出雙手與馬散的老父親相握。粗礪的勞作的手，雖然馬散依然年輕，但在握手的時候，也有同樣的粗礪。

馬散比我小十歲，可是看起來比我蒼老得多。

一起回來的，還有馬散三歲的兒子。看見孩子，馬散撒歡兒似地撲上去，兒子又喜又驚地想要逃跑，被馬散一把抓起，抱在懷裡，親熱起來沒完沒了。

細微的不同在於，和昨天的司機阿不力克木一樣，塔吉克人也是像情人那樣長時間地與孩子們唇吻，而不是像漢人那樣，或者淺嘗輒止，或者只以臉頰互搏。

院門與群山同向東，待客仍在正房北屋。玄關以後，向下兩級臺階的客廳，也是臥室。西側是與裡屋隔斷的門牆，其餘三面，均是土炕。炕上鋪滿彩繡的毛毯，美麗而溫暖。屋頂開天窗，兩扇玻璃窗，敞開一扇，屋裡取暖的煤爐煙囪，直直地伸出窗外。馬散與老父親從玄關搬出幾乎填滿客廳的餐桌，然後在東側的炕沿鋪一條軟墊，請我入座。

而馬散的母親，已經端來塔吉克人的饃饃與酸奶——西屋應當是他們的廚房——擺在我的面前。

馬散的妻子與大女兒沒有在家，小兒子好奇地上下打量著陌生人，可又怯生生地害怕，我伸手招呼他，他卻不敢向前。

他的父親與祖母都認為這是非常不禮貌的，於是板起面孔教訓他，他終於鼓起勇氣走過來，握握手，然後心不甘情不願地被我抱坐在腿上。

我把第一勺酸奶喂給了他，三歲的孩子被禮貌束縛得無可奈何，只好淺嘗了一小口，然後再不願吃。

馬散倒是不見外，同一把勺子，我一勺，他一勺。

我又想起了在莎車阿勒屯公園裡的那杯冰淇淋。

我並不想這樣，但是我不知道如何開口告辭，就這樣忽然闖進別人的家裡，又吃又喝，然後抹嘴起身？

我耽擱了馬散太多的時間。

後來我才知道，電話是馬散的老父親打過來的，他們要繼續他們在院外開荒的工作。馬散拎一把鐵鍬，他的母親鎖起門來跟著他，小兒子歡蹦亂跳在最後。老父親已經在那裡，蹲在地上，一塊石頭一塊石頭地撿起，拋開。

塔什庫爾干，音譯自維吾爾語：Taxkorgan，原意為石頭城。石頭城，本指西漢蒲犁國王城舊城，可確實也是塔縣地貌的真實寫照。

馬散和我說：「這裡種地太難了，都是石頭，太難了。」

他並非一直住在這裡，屋院也是新建，一切前因後果讓他很憤怒。他一次又一次提起他微薄的收入，然後問我：

「你的衣服多少錢？」

「只夠兩件。」

「你的鞋子多少錢？」

「只夠一雙。」

忽然下起了雨，身後的山巒忽然淡了，看不見雪頂，只看見雨雲噴薄而出。

戴著紅領巾的塔吉克小姑娘快步地向山下跑，看見我，笑起來，然後繼續跑，邊跑邊回頭看身後。

然後雨就大了起來。

遠遠回望過去，馬散一家仍然蹲在院外，開墾他們的土地。

塔什庫爾干是很少下雨的。小姑娘不想被雨淋濕了漂亮的衣服，大人們卻無所謂雨大雨小，不急不緩地走著。

雨水只彷彿是凝結成滴的風。

2014.06.17 22:01 新疆喀什地區塔什庫爾干塔吉克自治縣塔什庫爾干路 功德賓館

第十七章　伽師

沒想到今夏遇著的第一場雷雨，卻是在遙遠的乾旱的南疆。

如果晚一分鐘，真的只是一分鐘，我可能就會在喀什南站站外的哪裡，看著喀什南站海一般的院場。

僥倖，在雨勢初起的時候，搭上一輛疏勒回城的出租車。在雨勢漸濃的時候，坐在開來伽師的客車裡。忽然，電閃雷鳴，暴雨如注。世界瞬間只剩下同來伽師的這些人們，窗外一片混沌，裹挾著遮陽網棚上黃沙的雨水澆在車窗上，客車彷彿正在沉入無盡的泥濘的海。

後上車的人們，渾身濕透，一位清瘦的穿著月白色夾克的維吾爾人坐在我的身旁，我的身旁像是坐了一杯水。後來，他似乎覺得自己還有進一步濕透的餘地，忽然起身，把夾克從衣領拉起蒙在頭上，衝下車去。

片刻，等他再回來的時候，我的身旁坐著一杯打碎了玻璃杯的水。他買了五隻烤包子。從清晨九點到下午四點，我粒米未進，饑腸轆轆。他似乎知道我也正餓著，提著裝著烤包子的塑膠袋讓我，葉城那天的假模假式再次重演，我下意識地推辭。他嚼起了他的烤包子，我知道烤包子裡仍然是肥膩的羊尾油，但是我覺得我一定會把所有的羊尾油都吞下去的。

烤包子的香味讓我的飢餓險些變得有獨立人格，自己冒雨下車覓食，不再顧我。心裡暗自祈禱他能再讓我一次，可是吃完了兩隻烤包子的他，居然逕自昏昏沉沉地睡去。

一路上，昏睡著的他的頭始終不自主地搭在我的肩上，像是一隻長鬍子的烤包子。

剩下的三隻烤包子就在我們之間的座位上，我乜斜著眼看了無數次。

伽師是此行南疆以來，途經的第一座沒有國道過境的縣城，與喀什之間，僅有三一一省道相連，並且省道止於伽師。

作為南疆第一重鎮，喀什交通四通八達，不再似其他塔里木盆地邊緣綠洲城市那般，線路單一。除卻向東南的英吉沙、向西南的塔縣，向東北還有阿圖什，經疏勒向東有伽師，向東略偏南有岳普湖、麥蓋提。之所以選擇伽師，是因為伽師其地，是疏勒國在唐時的王城。《新唐書・西域傳》載：「疏勒，一曰佉沙。……王姓裴氏，自號『阿摩支』，居迦師城，突厥以女妻之。勝兵二千人，俗祠祆神。」由此可知，唐時疏勒國裴氏王城，即在迦師城，即今伽師縣。伽師縣，初治於清光緒二十八年。

雨只在喀什，省道向西不遠，一切平靜。土地仍然是乾燥的，沒有半點鄰地有雨的跡象。就像我仍然是飢餓的，沒有半點鄰座有吃的跡象。

將近迦師縣的米夏鄉，有今天途經的唯一一座檢查關卡。也是自入南疆以來，最為玩忽職守的一座檢查關卡。客車按部就班地停車，卻只有不到四分之一的乘客主動下車接受身分證查驗。其他乘客無動於衷，卻也沒有警察干涉。坐在身分證查驗器旁的維吾爾警察，慵懶地倚著機器，低頭自顧自地看著手機，沒有絲毫興趣關心接受檢查的乘客使用的是誰的身分證。

客車載著大部分乘客直接通關，車上的乘客漠然地看著車下，顯得車下奉公守法的乘客迂腐而愚蠢。

如此懈怠，並不意味著伽師就是太平之地。

清晨從塔縣回喀什，全家定居喀什已經六十年的司機，岳父去世時在殯儀館撞見慘死的喀什駐村幹部，就是遇害於伽師五鄉。

塔縣至喀什，是南疆最為混亂的客車運營線路。

塔縣一夜冷雨，清晨九點依然沒有停歇。賓館老闆告訴我的回喀什的客車車票九點出售的消息，完全是錯誤的。事實上，在昨天下午不知道什麼時候，客車車票已經售罄，雖然我昨天下午兩次去客運站，雖然兩次都沒有遇見一位工作人員。五十五塊錢的客車車票一張不剩，客車司機也斷然拒絕了我加座的請求。客運站保安唯一期望的，就是我能搭乘車票一百二十塊錢的越野車或者商務車。

果然各自有各自的生財之道。

每天只有一輛——最多兩輛——塔縣至喀什的大客車，卻有三十二輛之多的越野車或者商務車——另外有不計其數的私人運營的皮卡車，票價相同。無奈高價搭乘的是一輛老舊的國產越野車，司機是位漢人，他與他的弟弟是這三十二輛車中僅有的漢人，塔吉克司機九人，其餘的全部是維吾爾司機。

以前有更多的漢人司機，但是如今大部分已經將車與運營執照一併出售。原因各異。維吾爾司機曾經抱團拆臺漢人司機的生意，但是卻沒有奏效。往返喀什與塔縣的漢人眾多，而漢人無疑都更願意搭乘漢人司機的汽車。當漢人司機聯手反制以後，維吾爾司機即便低價也很難攬到漢人的生意，所以不得不握手言和。

今年因為遊客幾近絕跡，生意大為難做。當我們比九點半發車的客車更早出發以後，司機在接聽朋友的電話的時候，連聲說著：「今天運氣好。」

我是第一個上車的乘客，恰巧又遇著同來的武威幹部。一問之下，他也沒有買到客車票，知道我的種種努力已然無效，也沒有多費口舌地坐在後排我的身後。

司機巧舌如簧地鼓動了一位漂亮的姑娘坐上車來。姑娘有些躊躇地等在微雨的客車站裡，她希望司機車票能夠便宜些，司機的說辭是：他是正規運營的車輛，永遠是這個價格，即便是大雪天也不會漲價，所以自然也不可能降價。

後來車走不遠，說起因為昨夜的雨而泥濘的道路，司機誇張地說積雪兩三米深的時候他也跑過。「兩百四，不還價。」

一位黑瘦的男人最後上車，坐在後排的正中。沒有多說話，只希望能儘快趕回喀什，其他一切不問。

司機祖籍河北唐山。祖父是村中的農會主席，後來遭國軍逮捕，關押在駐軍的炮樓裡。

解放軍進攻的時候，炮擊駐軍炮樓，結果他的祖父也未能倖免，玉石俱焚。作為革命烈士的後代，他的伯父優恤從軍。可是，因為他的伯父沒有文化，在部隊裡幾次無緣提幹，於是決定退伍轉業。身在北京軍區的他，希望能轉業到新疆生產建設兵團，因為家鄉的饑荒已經開始，他的伯父希望能轉業到衣食無憂的新疆，雖然背井離鄉，但是那樣可以活下去。

到烏魯木齊報到以後，他的伯父被分配到師部駐喀什的新疆生產建設兵團農三師。兩年以後，一九五八年，他的伯父回到唐山，把妻兒，還有弟弟——也就是司機的父親——一起接到了喀什。

從此，就是六十年。

塔縣是一夜的雨，可是在慕士塔格周遭的群山上，卻是一夜的雪。來時還都裸露著的山體，忽然全部覆蓋上雪頂，海拔彷彿徒然抬升了一千米。

公路旁的布侖口河，也彷彿一夜進入了汛期。寬闊的河床裡，雪山融水湍急而下。新建的布倉口橋一段，公路東側的山體滑坡嚴重，泥石流沖入布侖口河，河道忽然狹窄數倍。

四年前，河道被泥石流澈底截斷，上流河道形成堰塞湖，淹沒了公路。這一段的公路，已經四次改道，但是依然時常斷路。塔縣的百姓已經大有經驗，一旦得知道路中斷的消息，馬上衝進菜市場，採購一切可以採購的食品。第二天開始，菜價每天大漲，直到最後賣無可賣，買無可買。

四年前最嚴重的斷路，司機正在喀什。與塔縣的司機聯繫好，有必須得回喀什的乘客，一百塊錢，從塔縣到路斷處。然後下車，從西側的山腰上步行通過堰塞湖區，由等候在對側的他接回喀什，再收一百塊錢。

被以價格從來不變為由拒絕還價的姑娘，由始至終，一言未語。

前半程，黑瘦的中年男人一直在昏睡。

後來，煙癮讓他醒了過來。他的煙癮極大，一天三包。雖然不抽煙的司機兩次勸他不要再在車內抽煙，但他卻置若罔聞。

解了煙癮，他忽然掏出手機，指著一張膚色極白的男人照片說：「這就是我。我才來了三個月，你們看黑成什麼樣子了?!」

他是甘肅金昌人，隨著做機械安裝工程的瀋陽老闆在塔縣贊坎鐵礦工作。沒有人問他收入，但是他還是願意自己說出來：「錢是真不少賺，但是太要人命了。」

贊坎鐵礦，海拔四千九百米。

司機說，他上次見著從贊坎鐵礦下來的女人，才三十一歲，可是又黑又腫的臉，看上去比實際年齡要蒼老二十歲。

「這個地方根本不該有人住。」金昌男人說。

今年被紫外線輻射得像醬滷過一樣的他，實際只來了三個月，工資八萬。去年做了七個月，一共賺了十六萬。

老闆總是會拖欠些工錢，去年年底的時候，給了十四萬，欠著兩萬，為的就是留住人，怕人明年不再回來。「有用的人死活不讓你走，沒用的人巴不得你走。」他自己總結道。

這一趟回金昌，是因為老父親病了，要回去照看一眼。老闆給了兩千塊錢路費，其餘的回去以後，需要多少，再從銀行匯款。

金昌男人從小就離開家，開始闖蕩社會。

一九八八年到一九八九年在北京開飯店，賺到了一萬塊錢，衣錦還鄉，風光得很。後來開始做工程，結果前年一次虧本九十多萬，不得已，「才來這個鬼地方。」

「還是打工好，沒有風險。」

最初他在阿勒泰的金礦，工資一萬二。

老闆是江蘇人，七十多歲，可是卻不懂得享福，似乎工作就是生活的全部。每天早晨，戴著礦燈下礦檢查，礦上買著十幾輛車，他卻不坐，只是步行著走到礦上，檢查完再步行回來。

和工人吃一樣的，穿一樣的，什麼也不講究。

工人如果遇著事情，需要錢，沒有問題。有一次誰家裡出了事情，想要先支五萬塊錢，老闆二話沒說，銀行卡裡打過去七萬。

只要人不走。

「那個老年人，確實是不錯的一個人。」金昌男人反覆說，似乎於他之前說的拿工人不當人，連軸轉著工作的老闆完全不是一個人。

「最嚇人的是，」他說，「一個工人掉下豎井，就摔死在我面前。」

第二天家屬來，什麼話也沒有說，拿著老闆賠償的一百二十萬走了。

「還是有錢好。有錢什麼都能買到。人命都行。」

說著話，他剛上大學的兒子不停地打電話過來，要錢。他告訴他哪張卡裡還有三萬，讓兒子拿去先用。

上大學，用錢多，要不他也不這麼辛苦地出來做工。

老婆還在山上，他這趟回家，最多一個禮拜還得回來。

他問我是哪裡人。

然後他又點燃一枝煙，思索了一下說，礦上去年有三個安徽人。

「幹活也行。做人也行。」

做礦工的，一個月九千塊錢，他們堅持著整整幹滿了六個月。

山上冷，所有人都是棉襖棉褲。拿到工錢的時候，三個安徽人激動得把棉襖都甩了。

「裡面的棉布都磨破了，棉花露在外面。」

三個安徽人，最小的才十六歲。

十六歲的孩子說：「幾輩子都不來了。」

因為這兩天我在塔縣，我聽著許多人和我說他們如何懷念塔縣，懷念塔縣的風景。

四千九百米，帕米爾高原深處的風景，一定更美。

有些人想念這風景，有些人憎惡這風景。

我覺得他們說的一定不是同一個塔縣。

同車來的武威幹部，入住賓館的時候，登記身分證，老闆訝異地說：「你是本地戶口呀？」

他彷彿隱藏著天大的祕密，雖然熱烈地聊天，但是由始至終沒有一句是關於自己的。他其實已經是新疆人，可以說完全新疆口音的普通話。

同樣作為新疆人的喀什司機，對現在新疆人在內地受到的歧視大為不滿。司機有一個朋友前些日子去北京，被要求先去附近的派出所登記身分證，這讓他大為光火，寧可不住也沒有去派出所，而是在新疆駐京辦事處找到一處無需如此的賓館住下。

「再也不去北京了。」他說。

一夜的雨，公路上時常有坍方與泥石流，加上往來不斷的加長載重卡車，堵車與車禍不斷。看見每輛不遵守交通規則的汽車，司機都會遠遠地認定那是一輛「巴郎子」在駕駛的汽車，雖然他自己也時常如他所痛罵的那些人一樣在堵車時在逆向車道見縫插針。

如果那輛違章的汽車駛近時，駕駛員是漢人，他立刻又會認定那必然是一名河南司機。

武威人堅定地附和著，因為他對同為新疆人的地域歧視與優越感極有認同感。司機堅定地認為內地人都是軟弱的，都不是男人，比如發生在某地麥當勞餐廳裡的女人被邪教團夥毆打致死的事件，他認為這種事情絕對不會發生在新疆。「看見有人打女人都不行。」新疆人一定會出面制止並且打死施暴者的，他說，「我們的車上都有傢伙，如果看見恐怖分子在街上行兇，我們新疆人一定會抄傢伙上。」

司機並且引例反證，說曾經載過一位蘇州遊客。——這三年來，司機經常包車給一些遠道而來南疆攝影的遊客，一天一千塊錢的車資，讓他覺得這是更好的生意。他盤算著，有可能把現在這輛八年跑了一百萬公里的舊車買了，再買輛新車，專門做包車給攝影遊客的生意。——他用他以為的蘇州話，其實是從電視小品裡學到的那種代表上海人的南方口音模仿那位蘇州遊客莫須有的原話：「我們蘇州是沒有男人的。」

不時的，他仍然為新疆人在內地所受到的歧視憤憤不平。

我已經不再加入他們的談話，甚至金昌男人對他們的言論也很是不以為然。在沉默中，我懊悔的是我之前不應當與他們爭論。爭論往往不會讓事情向好的方向發展，事實上往往恰恰相反。

司機與武威幹部說起應當對日本開戰，因為有俄羅斯的支持。引起爭論的是我的插話，因為我曾經去過俄羅斯，我說俄羅斯似乎並不像你們以為的那樣好，中國人在俄羅斯的境遇也很糟糕。

這讓武威幹部幾乎瞬間出離憤怒，他說俄羅斯早已經不再是蘇聯，而至於那些在國外的中國人，「死了活該，誰讓他們出國的。」

司機引為經典，大加讚賞，金昌男人歎息連連。

我說如果按照你們的邏輯，那死在新疆的漢人豈非也是死了白死，因為「誰讓他們來新疆的。」

「那不一樣，新疆是在中國。」

金昌男人最後的辯白意思是，有些人是單位派出國的，或者外交人員，他們也不是自己要出國的。

武威幹部聞言修正了他的觀點：「那他們不一樣。自己出國的，死了活該。」

忽然間，我覺得在莎車阿勒屯公園裡的那份冰淇淋，也許我應當吃下去的。

客車過烏帕鄉，以及到喀什以後，事情忽然有了兩次戲劇性的轉變。

第一次，司機說起他八年前開始跑喀什與塔縣這條線路之前，還跑了三年的長途貨車。因為往返內地，必經甘肅，所以對甘肅大有批駁。因為在古浪被一位年輕的汽修店老闆趁火打劫地要走六百塊錢，他認為古浪以及古浪所屬的武威人都是壞的。

他確定無疑地定論：「在甘肅，武威人是最壞的。」同為甘肅人的金昌男人，因為熟悉，隨口附和一句道：在金昌他們都稱武威人是甘肅的河南人。

「又窮又壞。」司機開始歷數他對武威人的種種他自認為絕不會是歧視的評價。

我回頭問武威幹部：「來的時候，你不是說你是武威人嗎？」

武威幹部「呃，呃」地支吾兩聲，然後再也沒有說話。

第二次，在停在喀什步行街，武威幹部準備下車。下車前，大家把車資交給司機。司機一陣手忙腳亂，等著他找零的空當，金昌男人問身邊一路一言未發的姑娘：「你是哪裡人？」

姑娘回答說：「河南人。」

司機終於感覺到尷尬，找零給姑娘的時候，訕訕地解釋道：「其實哪裡都有好人的。」

「啊，我也算是半個河南人的。我爸爸是河北人，我媽媽是河南人，也是駐馬店的。」

姑娘笑了笑，沒有再說些什麼，下車走遠。

我本想一同下車，司機告訴我喀什南站就在他回家的方向，他一直把我捎過七里橋。告訴我一定搭一輛疏勒回城的藍色出租車，或者是已經載客的喀什出租車，因為這樣只需要給五塊錢就可以到喀什南站。而空著的喀什出租車，一定會要十塊錢。他反覆囑咐，已經開始落雨，就像是在清晨的塔縣，不再言辭激烈的司機，也像是在清晨塔縣落雨的汽車站初見時的那樣，平靜而友善。

如果我們沒有放縱自己厭惡別人的時候，我們也不會變得像我們自己所厭惡的那樣令人厭惡。

伽師縣城，與暴力恐怖事件頻出的伽師鄉村，迴異如兩個世界。

出伽師客運站，沿著稱之為古宰爾西路的省道一路向東，繁華出現在大十字。而無論僻靜與繁華，街邊始終混合著維吾爾與漢人的商店，路上始終並肩行走著維吾爾人與漢人。不像在其他縣城，僻靜處，幾乎見不著漢人與漢人的店鋪。

唯一不便的是，因為不在交通幹線上，伽師縣城的賓館很少。直走到大十字，才見著兩家，氣派不凡，於是又特別的貴。

索性住在條件簡陋的招待所裡，並不是自入南疆以來最便宜的住宿，卻是自入南疆以來最糟糕的住宿。

老闆是甘肅人，武威男人與蘭州女人的結合，有一個兩歲的孩子。夫妻倆不知是不善還是不願交談，對於大多問題，只搪塞以「嗯？嗯？」

一樓昏暗的接待室裡，坐滿了維吾爾人，男人女人，一起抽著煙，就像是閉在金昌男人又續上煙的汽車駕駛室裡。

從樓上下來的，還有塗著雪白粉底的中年女人，視線飄忽地打量所有人一眼，然後挺胸抬頭地走出門去。

一同進來的，是兩位穿著相同工作服，戴著安全頭盔的工人。從前臺拿過鑰匙，一起走上三樓，推開房門，屋裡凌亂地堆滿各種雜物，看來是長期租住於此。

三樓是客房的開始，整個二樓是某家飯店的後廚，巨大的鼓風機讓樓道裡五味雜陳——炒菜的油香與洗手間的腥臊。

大十字迤北，是伽師縣城的夜市。

食物與蔬菜延伸進夜市向東的一道窄巷裡，走出去，伽師大清真寺赫然就在巷口的旁邊。穆斯林們正從附近三三兩兩地走來，清真寺的正門洞開，一眼可以看見禮拜堂前簷廊下禮拜著的人們。人們進進出出，完全無視我的存在，只有街邊候客的年紀很老的白鬍子三輪車司機，向旁邊坐了坐，拍了拍身側空出的座位，讓我與他並肩坐在那裡，然後載我去我想去的地方。

從于田以後，搭過那麼多次維吾爾的電動三輪車，還是第一次有司機讓我與他同坐在駕駛座上。我很想去哪裡，照顧一下他的生意，可是我實在又不知道要去哪裡。

我覺得，即便是我越過虛虛地阻擋在清真寺門外的甚至只有腳踝高的圍擋，然後坐在清真寺的門廊下，也不會有人管我。這與我在皮山、莎山與喀什的感覺，又是迥異如兩個世界。

沒有神色嚴峻地守在門外的穆斯林窺視著我，大家自顧自地走來，自顧自地禮拜，自顧自地離開。

很難想像殘忍的暴力恐怖事情會發生在伽師。

可見，南疆縣城與鄉村的氣氛，實在也是迥異如兩個世界。

夜市裡漸漸開始熱鬧起來，街邊的攤販越來越多。

涮肚。敞口大鐵盆裡，浸泡在漂浮著辣椒油的調味湯汁的羊肚串。一串上三四塊大而厚實的肚皮，拈起一串來，在鐵盆正中滾燙的湯汁中涮熱。案子上還有幾隻鐵碗，可以舀來湯汁，就著肚串一同大嚼。

一串羊肚，一塊錢。

如果碼在盤子裡，北京一份爆肚的價錢，大概可以吃上十倍的羊肚。烤麵筋、烤肉串、羊雜碎、羊蹄兒、酸奶，以及伽師著名的伽師西瓜。我甚至覺得我今天一餐未進，冥冥之中就是等著伽師這場盛大的夜市。

嚼羊肚，捋麵筋，吞羊雜，啃羊蹄，喝酸奶，嗑西瓜。

最後在一家饢坑肉店坐定，要兩大串饢坑烤肉，一隻在羊肉包子籠屜裡蒸熱的饢。找著的這家，食客最多，維吾爾人已經坐滿了裡屋，漢人也不時過來要上半斤饢坑肉，打包帶走。生意極好，兄弟四五個忙作一團，烤肉的、擀面劑子的、包包子的、蒸包子的、端菜倒水的、收錢結帳的。

甚至七八歲的孩子，也要不時打打下手。得閒的時候，自己空口吃著一隻饢，大概就是晚飯了，其他什麼也沒有。

與伽師這家饢坑肉店比起來，庫爾勒北站旁的饢坑肉，簡直在記憶中不堪下嚥了。

2014.06.19 01:13 新疆喀什地區伽師縣勝利路 商貿大廈招待所

第十八章 巴楚·色力布亞

巴楚老城，艾提尕爾大清真寺所在的勝利路，是維吾爾人的市集。

有些細雨，有些清冷。吃食只有羊雜與烤肉，起首的一家烤肉攤上，一位漢族姑娘和七八位維吾爾男人圍坐在烤爐前，在煙霧繚繞中，等著新烤得的羊肉與羊肝。肉串橫在嘴邊，姑娘咬住肉塊，正準備甩頭捋下，看見我走過，眼神略有訝異，但沒有礙著她右手繼續順勢拉出，肉塊已經嚼在口中。

街面上最多的是瓜攤，西瓜、哈密瓜，以及一種黃皮綠瓤有著瓜棱的香瓜——當地人稱老漢瓜，甜度極高，而且瓤質軟糯，牙齒寥落的老漢也可以照吃無妨。正對著清真寺門的一車老漢瓜，生意最好。車上的瓜個頭不大，而且大多有些破損，但是價格便宜，小些的兩塊錢，大些的三塊錢。人們聚攏在車的四周，爭先恐後地揮手向前，挑挑揀揀，破損小些的，沒有影響到瓜瓤的，悠閒的甚至還要再看看瓜的成熟度，滿意地碼在身後自家的自行車車筐裡，三輪車車斗裡，或者索性碼在地上，倒也不怕有在後的黃雀，順手牽羊。

搶著好瓜的，索性就站在路旁吃起了瓜。鑰匙串上有把水果刀的，捧著瓜，一牙一牙地切出來。沒有獨享的，大家差不多都認識，你一牙，我一牙，彼此做甜蜜的老漢。沒有刀的，有急不可待的，甚至開始手剝瓜皮，瓤軟易破，倒也並不難剝。然後囫圇地捧在手裡，洗臉一般埋頭獨享，這著實不能再與人分享。

瓜老闆站在車座上，滿把的零錢，收錢找錢忙得不亦樂乎，嘴裡算帳之餘，仍然不忘大聲吆喝幾句。禮拜結束，神色嚴肅地走出清真寺的人們，忽一愣神，然後也便喜氣洋洋地擼起袖子去搶巴依老爺的老漢瓜。

我站在瓜老闆身旁直勾勾地看著熱鬧，開始有好心的維吾爾人不斷邀我分享。一位只留著上唇鬍鬚的中年人，指著地上他的戰利品，讓我拿一個吃。我自然又假模假式地推辭。瓜車近旁，是一架羊肉攤，白鬍子攤主極胖，正用他切羊肉的刀，分著一隻瓜。維吾爾人彼此之間實在太過熟悉，中年人全然不用央告或者請求，只是形如命令似的一指，胖攤主會意，新切出的一牙瓜，已經遞在我的手裡。

果然軟糯甜膩，有富豪人家不吝蜜糖的奢靡。相比之下，西瓜只像是窮困人家一碗寡淡的水。

我自然讚不絕口，越是讚美，中年人便越覺得有待客的必要，於是指揮著，那邊的瓜一牙一牙地遞來。真模真式地推辭，蹭吃蹭喝實在過意不去。退後兩步要走，中年人已經抓起地上他的那堆瓜裡原本要送我的一隻，抬手拋了過來。

於是站在清真寺門樓下，我躊躇著是否可以帶瓜擅闖白虎堂？

來巴楚之前，對巴楚的種種擔心，煙消雲散。

巴楚縣城巴楚鎮，從表面看起來，實在是南疆維漢和諧相處的典型縣城。從巴楚客運站出來，團結路、迎賓路、人民路，直到東北方向的老城，漢人的賓館與飯館甚至多過維吾爾人的買賣，甚至有在建的商業住宅樓盤，江蘇大廈，廣告直做到遠在巴楚縣城以南八十公里外的色力布亞鎮。即便是在維吾爾人聚居的老城，也不像莎車漢人蹤跡全無的維城那樣，依然有漢人的店鋪，依然有漢人穿梭在街頭。即便是在清真寺前的勝利路，地如莎車阿勒屯路的地方，我圍觀賣瓜買瓜的時候，不時有獨行的漢人姑娘，不緊不慢地騎著電動車或者步行路過。也會探頭張望熱鬧的瓜攤，如果不是嫌棄賣相不好，也許同樣會過來挑上兩隻。

巴楚艾提尕爾大清真寺，規模遠超伽師與皮山清真寺，與于田以及莎車阿勒屯公園內的舊清真寺相當。不像皮山或者莎車清真寺那樣，有虔誠信徒聚攏左右，對於外人而言，他們即是義務的守門人，不由讓外人不敢接近，遑論擅入？如在皮山，只是試圖拍照也被勸阻。

巴楚清真寺寺門開敞，無人值守，只有臨近門樓的一間維吾爾商鋪門外擺一張圓桌，七八個人圍坐在一起，吃瓜飲茶。內裡有兩位新從清真寺內走出的長者，阿拉伯裝束，黑色長髯，白袍纏頭，背向街面而坐。所幸當我捧瓜立於門外的時候，他們大多已經離開，只剩下一位看起來顯然是平民的白鬍子老人獨自坐在那裡。

他並沒有阻攔我進入清真寺的意圖，眼神飄忽。但是我還是決定徵詢一下他的意見，因為我並沒有強烈的進入清真寺參觀的意願，我只是想知道南疆各地維吾爾人對於漢人如此行為的寬容程度。

我的詢問顯然在他的意料之外，他站起身來，支吾著緩步走近，這才想起應對：「你是漢族，還是回族？」——這個問題本來也許不會有，但是巧合的是，就在片刻之前，一輛巴音郭楞蒙古自治州車牌的汽車，載著一車並沒有戴白色號帽但自稱回民的乘客，逕自出入清真寺。四周的維吾爾人，對於他們非常敏感，幾次有人問我是不是與他們同來。其中一位和善的老人得知我是獨來的漢人以後，眼神示意著他們，壓低聲音告訴我說：「回族。回族。」不知道是因為他們也沒有對四周的維吾爾人報以友善，還是其他什麼原因，清真寺四周的維吾爾人對待他們的態度甚至遠沒有對待我這個漢人友善。

我據實以告，我是漢族。已經走到我面前的老人再次沉吟，然後委婉地拒絕：「那就還是不要進去了吧?裡面什麼也沒有。那，你看外面才好。」然後他撫摸起門樓上那些磚構紋飾。

當然，他仍然沒有忘記問我一句：「你和剛才那些回族不是一起的？」

所以，自入南疆以來，除卻在且末大清真寺前，詢問左右的維吾爾人得到熱情且一致地進入許可——雖然被清真寺寺役禁止進入門樓以內的禮拜區域——以外，所有再次試圖進入清真寺的努力均告失敗。

然而在巴楚，這種拒絕相當委婉，甚至若我堅持，或者再去詢問他人的話，能夠得到許可。但是巴楚輕鬆的氣氛，與在伽師同樣，我甚至覺得已經沒有如此試探的必要。

只以巴楚鎮而論的話，宗教氛圍並沒有如皮山、莎車那般濃厚。

拒絕了我進入的請求，老人多少可能覺得有些歉意，於是恪盡職責地為我介紹起清真寺的門樓，磚構、木構、雕花、拼圖，如此種種。兩扇敞開著的寺門，塗刷著紅漆，邊緣開合時會與門柱摩擦的地方，有些紅塗已經脫落，裸露出其後的鎏金。老人指點，我才看見原來巴楚艾提尕爾清真寺也有奢靡的鎏金構件，一如我在青海湟源看見的那些在陽光下刺目的金頂。但是在巴楚，類似鎏金大門被以紅漆塗刷了，「政府不讓」，老人解釋道。

他指著東南方，告訴我那個方向曾經是巴楚舊清真寺的所在，大約有「兩三百年的時間」，一九六九年，文化大革命的時候被搗毀，他連連說著「可惜」。我也附和著說著「可惜」，但是我說的可惜是為著那是一座「兩三百年的時間」的建築，一如我在其他地方得知在文化大革命時被毀滅的文物那樣說著可惜。

不過我隱隱地感覺到，我們之間以為的可惜是不同的。我們說的可惜是無可奈何的可惜，無人追責，也無可報復。而他們說的可惜，也許不會如此簡單。

所以現在，縱便我沒有做過這樣的事情，我也許仍要為曾經做過這些事情的人承擔責任。對他們而言，我們會因為與曾經作惡的人為同一民族而被標籤為同一類人。正如我們在遇到這樣事情的時候，會標籤化一類人予以譴責一樣。

彼此為陌生人，彼此在形如這樣的事情上甚至為對立方，所以無從探知真思實想。

索性只談著雪月風花。問他巴楚的巴扎，是週五與周日，而週五是民間的，「農民都會過來。」

再問起色力布亞鎮的巴扎，這處南疆著名的，去年又因為突發導致重大傷亡的暴力恐怖事件而將著名演繹為聞之而色變的小鎮的巴扎，我獲知的不確定的消息是每週四。老人落實了這個消息，色力布亞鎮的巴扎確實是週四，就是今天。

我歎息著我將要錯過，那會兒已經是北京時間下午四點，細雨與濃陰讓天色看起來隨時將會是黑夜。可是對於新疆的時間，外地人的印象大多都是錯誤的。老人大而化之地表示我完全可以現在過去，一個小時就可以趕到，而巴扎在天黑才會結束，時間還早得很。

經過計算的理智告訴我他是正確的，北京時間下午四點不過是新疆時間午後兩點，而新疆的夜幕要遲至北京時間深夜十點以後才會到來，我還有六個小時時間，幾乎是足足的半天。

即刻告辭，找出租車趕到巴楚客運車站，把我的老漢瓜轉送給了貪財的出租車司機。他想讓我花一百二十塊錢包他的出租車去色力布亞，當然他也知道這並不可能，於是在我將要下車的時候才告訴我，運營四人拼車去色力布亞的轎車，每人票價二十五塊，包車一百塊。並不需要包車，已經有用維吾爾語吆喝著「Seriqbuya」的司機把我直接從出租車拽上了他的轎車。

拼齊四個人並沒有等待太久，往返巴楚鎮與色力布亞鎮的維吾爾人實在有太多，這也讓我打消了時間太晚沒有車回返巴楚鎮的顧慮。坐在副駕駛座可以說漢語的乘客在阿克薩克馬熱勒鄉下車，立刻又有母子二人搭車，於是後排擠坐了四個男人，彼此扭曲著身體挨到色力布亞。連接巴楚鎮與色力布亞鎮的是二一五省道，向南延伸可達麥蓋提縣與莎車縣。省道限速六十公里，如果一路遵守限速規定的，那一定不是維吾爾司機。果然就像運營喀什至塔縣線路的喀什漢人司機和我說的那樣，開起車來的「巴郎子」都是瘋子。

色力布亞鎮沿省道而建，客運站外，無數候客往返巴楚或者再向南去瓊庫爾恰克鄉等鄉的大車小車。向南是一座大而無當的城市廣場，然後市集開始，內裡道路四通八達的市集，最南側一道最寬的馬路，便是色力布亞人口中正宗的大巴扎。

熱鬧，果然是熱鬧。大巴扎路主要出售食物，附近農村過來的農民，馬車上拉著些自家產的蔬菜，隨意橫在路邊。兩側的坐商，最多的是饢坑肉。這比伽師縣城的饢坑肉，又多了一份野趣，又多了一份美味。

饢坑裡烤出來的，不再只是羊肉，一應羊身上可食的部位，羊肝、羊腸、羊睾丸，無一不可以烤得了碼出來，各有所好。饢坑在老闆的身後，老闆的案子上，饢坑肉碼在左邊，右邊是湯汁翻滾著的湯鍋，箅子上碼著手抓。三條長凳，食客據案而坐。我左手邊的一位維吾爾人，容貌與如今生活在俄羅斯東西伯利亞的蒙古人種絕無二致——越向維吾爾人聚居的深處，越可以輕易發現維吾爾人種構成的多樣性，在廣場旁邊集市的窄巷裡，甚至還見著一位出售蔬菜的維吾爾人，西歐人長相，滿頭金髮——他的容貌讓我篤定地感覺他應當說俄語而不是維吾爾語。一鉤的烤羊肝與一鉤的烤羊腸就是他在等待著的，而在等待的時候，他掰碎一隻饢，澆上手抓的羊湯，先自吃了下去。羊肝切好，他可能腹中已經飽脹，只拈起兩塊吃了，其餘打包帶走。

我右手邊的一對年長的維吾爾夫婦，帶著他們的孫子，等待著的是兩根烤羊棒骨，牙口真好，老漢瓜決然不是為他們準備的了。相比之下，我一份單純的烤羊肉，反而顯得太過平淡。

肉鋪的老闆，難免很胖。我明知故問胖胖的老闆我沒吃著的那種水煮的羊肉是不是手抓？老闆答一句是，然後抓起一塊手抓，一刀削下半塊來，碼在我的盤子裡，左手回手插進漂著皮芽子的用以調味的鹽水裡，再把手上的鹽水撣在手抓上，「嘗嘗。不要錢。」

我沒有敢再要一隻饢，實在有太多的肉。

色力布亞大巴扎上的羊肚，也不再是溫湯裡涮來吃——我的身體已經明證如此吃法，沒有自行殺菌的彪悍的胃腸，是無福消受的了。——同樣火烤，一根釬子上，一塊羊肚，一截羊腸，一段羊肝，再有一大團不知道是何部位的羊雜碎，一共烤來，仍然是一塊錢一串。蘸鹽水，美味得我簡直難以住口。烤羊肚的年輕小夥子很高興，他更年輕的妻子，靜靜地坐在他的身邊看著他。

那些眼神，一瞬間的眼神，是讓人著迷的。有位在路旁出售自家產的辣椒與西紅柿的婦人，就與蔬菜一起坐在三輪車的車斗裡。我本以為她遠道而來，不想她的家其實就在附近，忽然丈夫就抱著她的孩子從她身後的巷子裡走了出來。看見孩子的一瞬間，她臉上的表情就像是奢侈富人家所有的蜜糖融化在了一起，幸福飛揚了起來。然而這只是一瞬間，電光石火的一瞬間，因為瞬間之後，一直到我離開，她都換作了生氣的臉，在和她的丈夫吵鬧不休。

色力布亞大巴扎上的維吾爾人，對於我這個遠道而來的漢人，都表現出了遠遠超乎我在內地所能遇到的友善。甚至是轉進街邊出售服飾的市場，雖然市場裡維吾爾婦女佔據了大多數，但是大家依然謙恭有禮。

在巴楚與色力布亞的際遇，與我之前所以為的巴楚，與從暴力恐怖事件中所知道的巴楚，雲泥之別。

初至色力布亞，我甚至以為我可能是鎮上唯一的漢人，但是隨後，不斷便有其他漢人從眼前閃現。從最初以為的幻覺，倒漸漸落實地相信，依然有漢人生活在色力布亞，雖然很少，但是決定繼續在色力布亞生活下去的漢人們，縱便內心緊張，看起來依然平靜安詳。

服飾市場裡，連著兩家漢人開的服飾店。在眾多的維吾爾人的店鋪裡，並不起眼，以至於我初次路過時完全忽略，直到看見有位漢族女人走到維吾爾人的水果攤前熟稔地拈些水果來吃，這才發現她返身回去的店鋪。

夫妻倆在店鋪裡忙碌著，維吾爾人過來詢價，女老闆以流利的維吾爾語應對；片刻間居然有兩位民工模樣的漢人也走了過來，女老闆用四川話回答：「大褲頭哦？二十五一條。」

他們的女兒，正坐在裡屋，盯著眼前的電腦。

我之所以說平靜也許未能延伸至內心，是因為女老闆對我表現出了異乎尋常的警惕。我只是就著她的四川口音問起她來自四川哪裡，她便支吾著半晌不願意回答。我明白她自然有不願意說的顧慮，便打圓場地說起一路來時遇到了許多南充人，所以隨口問問她是不是同樣來自南充。她借機完結了我的問題，模棱兩可地回答：「我們家也靠近南充。」

我沒有再問什麼。只是她自己說，色力布亞還有些漢人，她伸手寬泛地一指，說大多數都是開飯館的。

這可能是四川人在巴楚以及巴楚鄉鎮的主營。在來時的路上，近郊的夏馬勒鄉，依然有承包土地的河南人在勞作，一道高坡，穿著老舊的紅色棉毛衫的母親腰已經弓平，努力拽著一輛滿載化肥的三輪車，而她的穿著老舊的藍色棉毛衫的孩子，腰也已經弓平，在後面努力地推著。紅藍色的棉毛衫上，滿是灰土。

巴楚還有為數不少的磚窯，不知道是哪裡的漢人在經營。由伽師開往巴楚的客車，穿過新疆生產建設兵團農三師伽師總場的鄉間公路，上天山南脈喀什噶爾套山腳下的三一四公路，在三岔口鎮轉入省道，與皮山縣城同樣，國道也未穿巴楚縣城而過。剛過三岔口鎮，路旁便有磚窯。我記著一個年輕的漢人，蹲在磚窯通往省道的土路邊。省道正在修路，一輛載重貨車過去，揚起的灰土遮人眼目。但是那個年輕人並沒有試圖躲開，只是簡單地用手捂住口鼻，仍然蹲在那裡，張望來車來的方向，彷彿是在等待回家的客車。

坐在我身邊的西寧小夥子，是想回家了。

在南疆，我自以為我的旅行也許是將探索危險地域的，而事實上，早已經有無數漢人生活在那裡，許多人，或者一個人。

小夥子的老闆承包電力設備安裝工程，之前在青海，所以小夥子一直在他的手下做工。後來隨著工程來到新疆，在莎車，在伽師。今天他是要去瓊庫爾恰克鄉，比色力布亞鎮更南的一個鄉。明天有人要去施工，所以他提前過去取出施工設備。

之所以這樣麻煩，是因為老闆已經不讓他的工人居住在瓊庫爾恰克。他們工人居住的彩鋼房玻璃已經全部被砸，司機也兩次被毆打，老闆擔心再發生更為嚴重的事情，於是把所有人都撤回伽師，只有在必要的時候，才派人回瓊庫爾恰克，完事即回。

傳聞與現實總是反差巨大。

那麼究竟是傳聞錯了，還是現實錯了？

都沒有錯。

錯在我看見的現實只是某一天的現實。

現在我來了，天氣的現實是熱的。但是幾個月以後，天氣的現實將會是冷的，極為寒冷的。

我沒有一直在這裡，我的現實只是支離破碎的一部分。

但是無論如何，支離破碎的現實也是現實，所以傳聞與現實都在南疆真實地存在著。

沒有那麼美好，也沒有那麼糟糕。

人生不是本來也就如此嗎？

「人生從來不像意想中那麼好，也不像意想中那麼壞。」

小夥子說，只來新疆三個月，他已經回家一趟了。往返單程就要三天，從西寧到蘭州，蘭州到吐魯番，從吐魯番到喀什，再從喀什到伽師。

他想回西寧了。

他說，隨著老闆從青海來新疆的，第一批有二十幾個人，三個月已經回去十幾個，伽師現在只剩下七八個人了。

我問他：是因為感覺害怕嗎？我想起了在莎車遇見的那個內黃人小張。

他回答說：不是。因為新疆的天氣太熱了，從涼爽的青海過來的他們受不了。

沒想到從色力布亞回巴楚，卻成了此行南疆以來，最危險與最接近死亡的時刻。

開黑車運營的維吾爾司機，在限速六十公里的省道上，除了在通過測速探頭的路段之外，始終保持著一百公里至一百二十公里的時速。喀什司機說巴郎子開車無法容忍被超車，是的，公路上永遠充斥著無法容忍的巴郎子——因為總會有被超車的維吾爾司機。

一輛越野車試圖超車，精瘦的司機憤怒了。他的車私自改裝過，打開加速器開關，以一百四十公里時速將越野車死死擠在對側逆向車道，幾次如此，直到同為維吾爾司機駕駛的越野車放棄超車的努力。

他與後座的維吾爾人笑了起來，興奮了起來。這大概就是民族性格，也許是人種差異所致，維吾爾人更容易被激發鬥志並且保持鬥志，就像他們還是回紇人時，幫助唐朝平定兇悍的安史叛軍時那樣。

只是作為司機，他的興奮已經讓他的鬥志近乎癲狂。他開始玩命超車，極其危險地在當逆向車道有重型貨車駛來時，穿過前車與來車間瞬息即逝的縫隙。他開始覺得每個人都是敵人，一輛同樣超速超車的大客車迎面駛來，他卻加速衝了上去，在兩車即將相撞的剎那，他才避讓出車道——大客車已經無可避讓，他的外側是他打算超車的重型貨車。駕駛客車的維吾爾司機在最後的剎那指著他罵，他也從後視鏡裡回望過去隔空對罵。

後排的三個維吾爾人隨聲附和，同樣的熱血僨張。

不幸坐在副駕駛座上的我，盤算著認識我的人們以後想起我的時候，一定會說他死得真冤。

2014.06.20 12:41 新疆喀什地區巴楚縣迎賓南路 浙江賓館

帕米爾高原　塔什庫爾干

塔吉克人馬散與他的兒子　塔什庫爾干

維吾爾老人　巴楚色力布亞

清真寺　巴楚

第十九章　巴楚

巴楚，西漢尉頭國地。「尉頭國，王治尉頭谷，去長安八千六百五十里。戶三百，口二千三百，勝兵八百人。」

唐時，尉頭國地為尉頭州，或作蔚頭州，為安西都護府所轄。

埋葬在烏帕鄉的喀什噶里，在他的《突厥語大詞典》中記載，喀喇汗國時，尉頭國地築有巴爾楚克城。

清時，平定張格爾叛亂之後，道光十二年，其地築瑪拉巴什城；光緒九年，置瑪拉巴什直隸廳；二十九年，改置為巴楚州，隸屬於莎車府。巴楚州轄地，含今巴楚與麥蓋提兩縣。

民國二年，改巴楚州為巴楚縣。

有史以來，巴楚其地先後有四種名稱：尉頭、巴爾楚克、瑪拉巴什與巴楚。巴楚的定名，無疑來自喀喇汗國時代的巴爾楚克：「Barquk」，而瑪拉巴什，則為其維吾爾語地名「Maralbexi」。

——新疆的漢語與非漢語地名，往往並非互為音譯，這是新疆以外的漢人不易知曉的。維吾爾人，自然習慣使用各地的維吾爾語地名。比如下午在艾提尕爾清真寺前的巴扎，席地而坐時身邊的肉販，用維吾爾語比劃著問我，意思大約是我從哪裡來。我告訴他：北京。他更為驚訝我會來巴楚，於是手指著地面反覆以疑問的聲調問我：「Maralbexi？Maralbexi？」

僥倖我知道「Maralbexi」所指，否則也不能以簡單的點頭來確認他的疑問。

現代新疆各縣地名的確定，基本傳承自清代。其中有兩次重大的變革時間點，一是光緒八年，時任督辦新疆軍務大臣劉錦棠變革新疆政區；二是光緒二十八年，時任新疆巡撫饒應祺變革新疆政區。兩次變革中增設與改制的縣地，大多以西漢西域諸國國名定名為其漢語地名。

巴楚的命名，頗為奇特。即沒有像若羌與莎車般使用古國名，也沒有像英吉沙與塔什庫爾干般使用突厥語族語言音譯地名，而是將突厥語音譯地名巴爾楚克如漢語般縮寫為巴楚。

艾提尕爾大清真寺前的巴扎，遠沒有色力布亞鎮大巴扎令人激動與愉悅。食物品種有限，羊雜碎、炸魚、烤饢、烤包子是大宗，沒有令人徒升肉慾的饢坑肉，甚至西瓜也是寡淡無味。

清真寺迤北，從橋頭開始，是農貿集市。橋頭的肉販，鐵架上倒掛著一腔肥羊，當街剝皮，裸露出的潔白的羊尾油，搖晃得空氣都感覺肥膩。不過大多體型清癯的維吾爾老人，切上半斤一斤羊肉的時候，總要為一塊羊油與肉販喋喋不休。不知道羊油單賣，還是作為添頭，大概就像我們曾經在物質最為匱乏的時候，買肉的時候也會為沒有肥膘而感覺憤怒。

如今雖然羊肉並不匱乏，但價格實在太過高昂。每公斤將近六十塊錢，換作是在北京也會令人咋舌，何況是僻遠的南疆？

並不是每個人都可以圍坐在饢坑烤肉的案子前饕餮的。

我忽然也能理解在民豐的時候，撕一片饢夾著肉串上的大塊羊肥油吞下的女人。雖然她的身材昭示著她現在的生活並不匱乏，但這必然是匱乏時代遺存的影響。

沒有匱乏過的，應當是像北京的新疆飯館裡，幾乎每個吃完烤肉串的年輕姑娘面前，總會有一堆細碎的羊尾油。

勝利路並不算太長，所以巴扎的時候，道路兩旁依然被其後的坐商佔據著，趕巴扎的商販，便只能在道路正中，背身再擺出兩排，只留著窄窄的通道以供人行。農貿集市裡的菜攤也是如此，四排近百家的菜攤之外，在最偏遠的北端盡頭，居然散落著七八處漢人的菜攤。

多些的，瓜果菜蔬一應俱全。少些的，只有三輪車車斗裡的一堆萵苣。騎著電動三輪車過來買菜的漢人飯館廚師，似乎也更喜歡與溝通順暢的漢人菜販交易，先騎著空車徑直來到農貿集市的盡頭。不過，最終決定成交與否的，依然是價格而不是人情。

萵苣三塊錢一公斤——新疆使用公制重量單位公斤，而不是漢人常用的市斤，入鄉隨俗，即便是漢人彼此之間報價，單位依然是公斤而非斤。廚師顯然覺得太貴，藉口萵苣葉不新鮮，轉身回去熱鬧的維吾爾人菜攤。

漢人菜販，大多是河南人，蔬菜也許就是他們租種的土地裡自產的。

在南疆，河南商人的招呼是最暖人心的，只要你看起來像是漢人，那麼無論你來自哪裡，他們總不忘招呼你一句：老鄉。

「買菜不？老鄉？」

忽然就有了他鄉遇著故舊的親切。昨天早晨在伽師，也就是客運站旁邊這樣一句：「吃飯不？老鄉？」讓我不管不顧地鑽進老闆窄小的飯店裡。一根熟悉的油條，一碗不熟悉的胡辣湯，但都是熟悉的味道。

今晚我的腸胃終於不堪異域，澈底犧牲，不得已要借助藥物了。

從明天開始，雖然我在南疆，但我應當讓我的腸胃先回口內了。

口內，新疆人稱內地為口內。

同樣是昨天早晨，坐在伽師客運站等晚至十一點半才發車來巴楚的客車的時候，身邊坐著的仍然還是一位河南人，與于田那位說維吾爾語的雜貨鋪女老闆同樣來自商丘。

說起他三個孩子裡的老大的時候，他說的就是：「老大在口內。」

來伽師十幾年，全家戶口也都落在了新疆生產建設兵團農三師伽師總場。客車上同來巴楚的漢人不少，大多是他的老鄉。並不是來巴楚縣城，而是來巴楚的農三師五十三團團場。

來巴楚轉車去農三師四十九至五十三團各團場的漢人太多，以至於在巴楚客運站之外，另有一處專門發往各團場的自發而成的客運站。就在巴楚步行街的西門外，幾輛小型客車，前車擋風玻璃上貼著大大的紅色數字，彷彿是公車的路線編碼，實際上指的卻是各團的番號。

巴楚實在是我入南疆以來，所見有著最多漢人的一座縣城。就在距離巴楚新華書店不遠的步行街西口，居然有漢人經營的書店。生活一切安定之後，人們大概才會有閱讀的需求，可見巴楚的漢人之多。

而且也很和諧。客運站東十字路口的轉角，兩攤內地常見的以地為桌的牌局。牌在地上，打牌的人蹲坐著，看牌的人背手抱臂地站著。一攤漢人的牌局，一攤維吾爾人的牌局，彼此相鄰，各打各的牌，各看各的牌，兩不相擾。

團場客運站向南的十字路口轉角，摩托汽修店前，一排摩托擺在人行道邊。五六個維吾爾摩托車手坐在板凳上，聚精會神地聽著一個人炫耀著他的車技。「開到一百七八十公里。」一面朝公路坐著，被眾星拱月的男人說道。我忽然才意識到我聽到的是漢語，大家彼此嘻哈玩笑在一起。

彩票店裡自不用提，彩票機後的老闆，有漢人有維吾爾人。店裡擠坐在一起，張望著牆上中獎號碼趨勢圖的，自然同樣維漢皆有。

我實在很難想像，這樣一座讓我感覺最為放鬆的縣城，居然是我來此之前，最為擔心安全的一座縣城。

給予我以及很多生活在巴楚以外的人這種影響的，無疑是色力布亞鎮上的暴力恐怖事件。其實見諸新聞媒體報導的兩次巴楚暴力恐怖事件，都發生在地處巴楚與莎車之間的色力布亞鎮。但是在報導過程中，無一不是以「巴楚縣色力布亞鎮」來描述案發地點，這讓原本幾乎無人知曉的巴楚縣，轉瞬聲名狼藉。

能夠消除這種偏見的，無疑只有親臨其地。我也正是以這種方法，知道巴楚真實的境況。

但是，又有多少人，能夠如此呢？

今天週五主麻日，穆斯林的大禮拜。

上次週五的大禮拜，是在莎車。早早的，莎車清真寺所在的阿勒屯路，阿勒屯公園外圍一段便被圍擋，人員車輛不得通行，漢人絕跡。而巴楚大禮拜的時候，清真寺外的巴扎依然繼續，沒有阻攔。雖然數量並不多，但是仍然不時有漢人穿過巴扎，或者在巴扎中採買，並沒有重大宗教儀式將臨的緊張氛圍。

清真寺對面的烤饢店，正在打一爐圓饢。

打饢實在是一件很辛苦的工作，尤其是把饢坯均勻拍在爐壁上的工序。坑裡燃燒著木炭，人跪在饢坑邊，幾乎要把上半身探進炙烤中的饢坑，才能把饢坯拍在饢坑底部的爐壁上。

這道工序都是年輕人來完成，年長的父親已經吃不消，他同樣有著沙色頭髮的兒子與黑色頭髮的徒弟，配合默契地做著這項工作。兒子別扭地用左手來工作，撐在饢坑上的右手手背上，傷痕累累。不時的，還要把傷痕貼在衣服上緩一緩，看來仍然很痛。

一饢坑圓饢，要烤十五分鐘。另一隻饢坑的炭火也生起，而在這其間，父親與兒子打算去清真寺禮拜。

還只是孩子的徒弟走過來，告訴我他叫阿格巴爾。

阿格巴爾指著遙遠的不知道是群山還是天際的西北方說：「那裡才好。」
「這裡不好，那裡才好。」

2014.06.20 23:26 新疆喀什地區巴楚縣迎賓南路 浙江賓館

第二十章　阿克蘇

午夜兩點，還是三點，巴楚縣城忽然停電。

那會兒，我正被高燒與腹痛折磨得打算放棄抵抗。準備去醫院，卻忽然停電。純粹的黑暗，人瞬間失去存在感，彷彿獨自懸浮在黑暗之中。我再度放棄，放棄去醫院的打算，沒有方向感，沒有空間感，醫院究竟在哪裡呢？

後來我昏昏沉沉地睡去，詭異的夢裡，夢見一個金色頭髮的胖胖的維吾爾大夫給我看病，他神色輕鬆地和我說：「你死不了。」

我這才放心。

我很高興再看見這個世界。

天亮了，來電了，那些紅色的、藍色的、綠色的電器指示燈一起亮了起來，世界也彷彿因此而復甦。

只是從賓館走到巴楚客運站的一百米，走得筋疲力盡。整天都是如此，行屍走肉一般，慶幸的是終於沒有再發燒。

巴楚客運站的候車廳，像極了且末客運站，依著東牆下，是玻璃櫃檯的雜貨鋪。同樣是漢人在經營著，女老闆半倚在櫃檯上，泛泛地張望著空洞的候車廳。

我終於知道，人在危殆的時候，是不會再有興趣去關注這個世界的。危殆的自我無限膨脹，佔據著人的所有注意力，我只關心我的腹痛什麼時候可以緩解，至於別人，我實在沒有興趣再去瞭解。

我就坐在雜貨鋪對面的椅子上，等待著一個小時後發往阿克蘇的客車。

最多的，是貨架正中的各種香煙，香煙是雜貨鋪最能賺錢的商品，兩旁的餅乾點心，蒙著塵土，難得有人光顧。玻璃櫃檯上，一隻電磁爐，爐上坐著一口鋼精鍋，煮著理論上的茶葉蛋，但是少鹽少醬的，吃起來與白煮蛋並沒有什麼不同。沒有茶葉蛋的香，只有白煮蛋雞屎一般淡淡的臭。

女老闆的丈夫從外面回來，提著兩張餅，一小塑膠袋醬菜。貨櫃與牆之間，隔出的空間，內裡大約有一張床。他們不應當潦倒到只住在候車廳裡，但是似乎又的確住在候車廳裡。丈夫喚醒小女兒，小女兒頭髮蓬亂地洗漱。洗漱的面盆旁邊，擺著一大瓶洗髮水。

然後，一家三口，坐在一張矮桌前，喝著新煮的粥，吃著餅，就著那袋鹹菜。

不時的，有人過來買煙，女老闆忙不迭地起身招呼。丈夫跟過來，替她取下手中的筷子，擺在碗上，等著她回來。

我沒有力氣再去搭訕，我只能從他們的口音聽出來他們來自河南。

開來阿克蘇的客車上，有許多漢人。坐在我前面的中年女人，短裙與露趾高跟鞋，當她走過候車室的時候，帶著五六歲的兒子、抱著繈褓裡的孩子的維吾爾女人，視線始終追隨著她。

我經常注意維吾爾女人注視穿著暴露的漢族女人時的目光，與漢人之間或者訝異或者不屑的目光不同，她們的目光完全讀不出任何情緒。

也許是腹痛讓我變得遲鈍，我不再有能力感知我周圍的世界。在客車上我大多數時間沉沉睡去，我知道我的左手邊始終有巍峨的天山南脈追隨，可是我卻不願意轉過頭去，看他一眼。

路上不時有乘客上下，都是漢人，從沿途農一師各團去或者來。

模模糊糊的，我見著有個魁梧的男孩子送一位中年婦女——也許是他的媽媽——上車。他穿著一件舊的已經破洞的紅色棉毛衫，灰頭土臉，我忽然感覺有些傷心。

人們都應當幸福地生活，最起碼，可以像在阿克蘇這樣。

環繞多半圈塔里木盆地邊緣綠洲以後，最繁華的一座城市。

在市區，維吾爾人與漢人同樣地世俗化，也許是因為阿克蘇漢人更多的緣故。不像是在和田，維吾爾人與漢人邊界清晰。

當然，也許是我沒有力氣走得更遠，只是在大十字東南西北，我看見一片寧靜祥和。

所以，關於阿克蘇，我唯一期望的，就是我能在這裡病癒。

阿克蘇，西漢姑墨國地。「姑墨國，王治南城，去長安八千一百五十里。戶三千五百，口二萬四千五百，勝兵四千五百人。」兩漢直至北魏，姑墨役屬於龜茲。北魏以後，為龜茲兼併。唐時，於姑墨置姑墨州，隸屬安西大都護府。清時，平定大小和卓之亂以後，於乾隆二十二年定地名為阿克蘇。

阿克蘇，「Aqsu」，音譯自突厥語。Aq，白色；Su，水，阿克蘇意為白水。白水即為阿克蘇河，地以河名。

阿克蘇中心客運站下車的時候，男孩子的媽媽應當是給他打回電話：

「娃兒，你放心吧，我到阿克蘇了。」

2014.06.21 22:31 新疆阿克蘇地區阿克蘇市東大街 漢庭連鎖酒店

第二十一章　阿克蘇·溫宿

清時，乾隆二十二年，定姑墨地名為阿克蘇。光緒九年，修建新城，並以阿克蘇新城為治所，置溫宿直隸州。同年，於直隸州治所設阿克蘇道。阿克蘇道轄溫宿、焉耆兩府與烏什直隸廳、庫車直隸州。光緒二十八年，溫宿直隸州升為溫宿府，並置溫宿縣。溫宿府轄溫宿、拜城兩縣與柯坪分防縣。溫宿府本府，即今阿克蘇與阿瓦提兩地。民國二年，溫宿府本府改為阿克蘇縣，民國十七年，由阿克蘇縣析置阿瓦提縣。

所以，溫宿之於阿克蘇，有如疏勒之如喀什，歷史與現實幾乎混然交錯。於是兩地之間，同樣只是公車即可到達。十六路，兩塊錢。溫宿與阿克蘇並沒有什麼不同，依然有許多漢人，彼此的店鋪與生活同樣交錯在一起。甚至縣城格局，也彷彿阿克蘇，像許多西北城市那樣，有大十字，分出東西南北四條大街，然後繁華向四方輻射開去。

如果不是於此生活，溫宿並沒有什麼可觀之處。公車由東大街進城，大十字折向南大街，然後是偏僻的終點。我循著原路走回來，雖然是周日，但行人並不多。倒是有許多乘客等在南大街的盡頭，既然與阿克蘇如此之近，那一切總不如直去阿克蘇。

遠遠看見兩位漢人姑娘，站在街邊出售內衣絲襪的小店門前。我不得不說其中一位姑娘的身材實在惹火，穿著緊身的上衣與牛仔褲，笑鬧著幫朋友向老闆娘還價。同伴拿著一條藏青色的有著星芒裝飾的打底褲，看起來並不貴，遞過去一張綠色的五十塊錢，找回來幾張藍色的十塊錢。

走近些，我才看見她們的正面，衣服與牛仔褲上，濺滿裝修時才會有的白灰。還有那位身材惹火的姑娘，面容同樣姣好，可惜卻穿著一雙顯然是男人尺碼的有些過大的布鞋，黑色的鞋面幾乎被白灰埋沒。也許是買到一個好價錢，姑娘們有些興奮過度，笑鬧變成推搡，險些撞到一位剛從店裡走出來的穿著時尚的維吾爾女人。女人嫌惡地狠狠瞪了她們一眼，姑娘們理虧，雖然並沒有實實在在地撞到，但還是一迭聲地對不起，女人拍打著她們險些蹭髒的衣服，嘟嘟囔囔地走遠。

她們依然很快樂，向老闆娘要了一隻塑膠袋——也許是中午工休臨時決定出來逛街，她們並沒有帶著包——把打底褲塞進去，然後向前繼續逛著街，直到鑽進一家出售十字繡的小店，很久沒有出來。

其實這世界差不多就是這樣運轉的，在哪裡都是這樣。就像去溫宿的公車上，一位年老的維吾爾女人之前在招呼著一位也許認識的年輕維吾爾女人，要她坐在身邊。可是年輕的維吾爾女人顯然更願意獨自坐在右手邊單排的座位上，年老的女人有些悻悻然地，又坐回到剛剛讓出來的雙排座位的外側座位上。後來，公車上的乘客越來越多，將近溫宿縣城的時候，上來一位年紀更老的，穿著有些破舊骯髒的女人，她想坐在裡側的座位上，可是年老的女人裝作全然不見地繼續轉頭與年輕女人攀談。直到更老的女人拍拍她的肩，示意她要坐進去的時候，年老的女人這才扭過身來，滿臉不情願地讓過空隙。

嫌貧愛富，世界的哪裡都是這樣在運轉。

不分種族，不分民族，不分宗教，不分信仰。

沒有什麼不同。

阿克蘇是一座富裕的城市，最起碼，看起來如是。

阿克蘇也是南疆漢人人口比例最多的城市，大約佔據六成左右。

阿克蘇也是南疆維吾爾人世俗化程度最高的城市，有更多的維吾爾人，尤其是維吾爾女人就業於世俗的工作崗位。我入住的賓館前臺，我甚至更想讓那幾位維吾爾姑娘為我辦理入住手續，因為她們顯然更漂亮。還有賓館旁邊拯救我昨夜飢餓的快餐店，那位看起來像是主管的維吾爾姑娘，章法不亂地用全無口音的漢語應付著櫃檯外的漢人食客，禮貌而周到；用維吾爾語大聲調配著後廚維吾爾廚師們製作食物的數量與順序，不時還要照顧身邊實習的維吾爾小夥。深夜的快餐店裡，那邊角落著坐著四五個維吾爾男孩子，喝著大杯的可樂，嬉笑打鬧，我好奇的是坐在正中最帥的孩子，一頭卷髮應當不是天生的吧？還有這邊，角落裡靜悄悄地坐著一對維吾爾情侶，年紀很小的情侶，深夜在快餐店裡消磨他們無休止的愛情。女孩子有些靦腆，男孩子卻沒有細膩的心思，好意讓她坐在最內側，卻是面向大廳的一側。大廳裡有人張望過去的時候，她會害羞著低下頭去，吃一根她一直沒有吃完的薯條。

可是即便在阿克蘇，我依然在公車上，遇著身著吉里巴甫的維吾爾女人。我熱衷於觀察人，觀察人的眼神，當我遇見吉里巴甫的女人，尤其是當吉里巴甫的女人與世俗化穿著的維吾爾女人走在一起的時候，我注意到永遠只有吉里巴甫的女人注意著世俗化穿著的女人，而世俗化穿著的女人，不知道是不願意還是沒有勇氣，她們幾乎都是低首垂目地走過。

在葉城去莎車的長途客車上，與我交談的那位在北京生活過的維吾爾姑娘，說過她在保守勢力嚴重的地方，同樣感覺害怕。保守勢力對她們的評價，與她們的自我評價，其實是一致的，就是離經叛道。所以她們知道自己何時會因此而身處險境，所以她們才會害怕。吉里巴甫的女人，也許是因為蒙面與黑紗的背後，心理上更有安全感，也許根本上就是道義上更有優越感，所以總是直勾勾地注視著她們。雖然那種注視的目光裡同樣讀不出感情，讀不出好惡，但是被如此注視總不會是一件愉悅的事情。

從去年，新疆各地頻發伊斯蘭極端原教旨主義蠱惑與煽動的暴力恐怖事件以後，被普遍認為是具有濃烈原教旨主義色彩的吉里巴甫，已經屬於被嚴禁的宗教表現形式——這並不僅是一種單純的服裝。

在南疆各地的公共場所門前，也都有明文張貼嚴禁穿著吉里巴甫的公告，但是，因為地方規定尚不具有法律效力，因此看來在新疆的執行效果非常之糟糕。漢人警察制止，基本上必然會觸動敏感的民族矛盾進而引發糾紛，而維吾爾警察基於種種紐帶關係，更是不願意主動制止。所以，在庫爾勒、和田、喀什，這些地州的核心城市，身著吉里巴甫的女人隨處可見，甚至在阿克蘇，依然沒有禁絕。至於在鄉鎮，一片祥和的色力布亞大巴扎上，我更是看見與阿富汗、沙烏地阿拉伯的波卡完全一致的吉里巴甫，實在令人震驚——為了逃避政府禁令，新疆的吉里巴甫，大多以面紗或口罩代替蒙面的黑紗，雖然形式上略有不同，但是本質並無不同。

中國毋庸置疑是一個世俗國家，世俗國家的標準，即是對宗教事務保持中立，沒有國教，所有宗教平等，並且政教分離，不允許任何宗教干預或者控制政府權力。而伊斯蘭原教旨主義所推行的與追求的，無一不是與之相背離的，幾乎是挑戰全世界現有格局與秩序的：徹底否定世俗的、政教分離的國家體制，主張建立神權的政教合一的國家體制；反對法制世俗化，實行法制伊斯蘭化；宣揚聖戰，並訴諸行動。

在新疆，聖戰，自不必說，已經屢有所見。

伊斯蘭教法，在南疆鄉村也是在普遍蔓延。處處可見的宣傳標語，許多是要求維吾爾適齡青年要去民政局依法結婚與離婚，而不是只依照伊斯蘭教法念「尼卡」結婚，念「塔拉克」離婚。只說離婚的「塔拉克」，是維吾爾語「離棄」的音譯，即是伊斯蘭教法中的無條件口頭休妻。敘述其三種形式：

一，一次宣布休妻。其後妻子的三個經期為等待期間，只要丈夫不與妻子同房，期滿後，如果丈夫仍然堅持原意，則妻子必須離去。等待期間，丈夫可以撤銷休妻決定，這種是塔拉克最常見的形式，是可以撤銷的休妻。

二，三休制。即丈夫在第一次宣布休妻後，分別在妻子的後兩次經期再做兩次休妻聲明，等待期滿後，妻子必須離去。但在第三次休妻聲明宣布前，丈夫依然可以收回休妻決定，第三次的休妻聲明一旦宣布，則不可挽回。

三，丈夫將三次的休妻聲明一起宣布，或聲明他的一次休妻宣告即等同於三次休妻宣告，即「玉其塔拉克」。此類休妻聲明一旦宣告，即無挽回餘地，等待期一到，休妻立即生效，不可撤銷與反悔，也因此不可復婚。

聽來像是上上個世紀甚至遙遠西域三十六國時代的事情，卻真真切切地發生在現代的南疆。而且，如此民不報、官難究的事情，也絕不是憑著些標語口號即可以制止的。

吉里巴甫卻不同，吉里巴甫等於是公開地宣傳其背後所代表的種種挑戰現有社會秩序的思想。吉里巴甫從來不是維吾爾人的傳統服飾，幾乎我認識的每一個久居新疆的朋友都會告訴我，吉里巴甫的流行，主要開始於最近幾年，並且愈演愈烈。

傍晚，回到阿克蘇，我問一位精通漢語，穿著入時的姑娘——我不好說她是誰，我本也並沒有如此詢問的意圖。只是當時，門外恰好有兩位身著吉里巴甫的姑娘並肩走過，一起張望著門內。

我問她，她們幹嗎穿成那樣？好看嗎？

她沒有回答我，而是繼續著之前的話題，彷彿我從來沒有詢問過她什麼。

我不知道的是，她是沒有聽見，不願意聽見，還是不敢聽見。

2014.06.22 23:38 新疆阿克蘇地區阿克蘇市東大街 漢庭連鎖酒店

第二十二章　烏什

阿克蘇西城客運站發往烏什縣的客車，最早一班在北京時間八點半，不過是本地時間凌晨六點半，實在是南疆發車時間最早的客運線路。而且，頻率極高，每十五分鐘一班，每天共計發車五十班。

我以為必然會有許多旅客往返阿克蘇與烏什，可是當第三班客車出站時，車上的乘客甚至不足四分之一。清冷寥落，彼此疏遠地散坐著，如果不是出站口外的車禍讓前面的維吾爾人起身張望，坐在後面的我甚至感覺不到客車上還有其他旅客。

也許並不是因為週一的緣故，司機看起來已經習以為常，淡漠地清點人數，然後徑直發車西去，沒有半點停車多候些乘客的意思。當然也不能等候，每次班車只有十五分鐘的間隔，總不能都積壓在一起。

後來，看見迎面而過的烏什發往阿克蘇幾乎座無虛席的客車，我才明白所有客車司機的排班，總會輪流著好與壞。清晨，由烏什發往阿克蘇，或者傍晚，由阿克蘇回返烏什的客車無疑是生意最好的，其他時候，大約也只有聽天由命，逆來順受了。

烏什縣在阿克蘇市以西，兩百里。水草豐美的兩百里，自入南疆以來，水草最美的兩百里。相連兩地間的三〇六省道，大體依著托什干河流向而築。近阿克蘇的半程，公路緊鄰托什干河，白楊，水草，寬闊且水流湍急的托什干河，然後是麥地、林場、還有南疆初見的油菜花田。

遠山，是黛色的天山南脈。雲霧與雪頂糾纏一處，大約是雲厭倦天空了，駐足為雪；雪厭倦山巒了，起身為雲。

將近烏什的半程，公路與托什干河漸行漸遠，只看見無數的白楊。遮蔽公路，遮蔽視線的白楊，忽然彷彿秋天，彷彿去年秋天的西伯利亞，無盡的白楊林。

白楊林後的麥田，總會在四周的田埂再種植白楊，白楊如籬笆一般將麥田圍起。畢竟不是在西伯利亞，是在新疆，有時間與烈度足夠的陽光，無須擔心白楊隻手遮蔽了麥田的天。

已經有最初收割後的麥田，空氣中彌漫著麥草秸稈淡淡的香。偶爾有人家的地方，還有麥草燃燒時的煙，看不見，卻一定四散彌漫開來。昏昏欲睡的時候，閉著眼睛依然可以感覺到被白楊林過濾的陽光的忽明忽暗，還有麥草的煙，忽然飢餓難以遏止地膨脹起來。

客車上零落的旅客之中，還有一位漢人。我只能隱約看見她露在座位靠背之上的，焗染成茶色的長髮。我聽見她用漢語講起電話，卻沒有注意到她什麼時候從哪裡上車。

以為她會和我一起到烏什，沒想到她卻是最早下車的。在路旁白楊林忽然中斷出的一處路口，她起身招呼司機停車，手裡提著一大桶白酒，最廉價包裝的烈酒，甚至不是什麼北京紅星二鍋頭。還有一袋點心，加上酒的重量，讓她下車的時候險些失去平衡。

左右張望，除卻路口深處的一座土坯房外，我找不到任何其他有人生存的痕跡。沒有其他岔路，沒有其他房屋，路旁甚至沒有任何指示牌。手機地圖顯示在那間土坯間後的深處，名作「荒地農場」。

是探望她在兵團農場勞作的親人的吧？

一位嗜酒的親人，也許是酒精幫他挺過了在荒地農場最初的歲月，驅寒，解乏，或者是排遣寂寞。

無論離家多久與多遠，在南疆遇著的許多漢人似乎永遠無法擺脫此身客居他鄉的焦慮，沒有歸屬感，沒有安全感，時常會說起回家，也許只有回家才是唯一正確的歸宿。

這是一種非常微妙的情緒。

然而他們的後代，那些出生在新疆的漢人，卻大多沒有這種焦慮。因為家的概念，大約只與自己的童年記憶相聯繫。生在新疆，那麼新疆自然是家，已經在家裡，還有什麼可以焦慮的呢？

但是那些童年在他鄉的漢人，不管來的時間有多久，甚至遠遠超過他們在他鄉的時間，他們依然想念著那處可能早已荒蕪的家鄉。

清晨送我去西城客運站的漢人司機，聽說我的目的地，不容置疑地說一句：十塊錢。我知道這個價格，在南疆搭出租車，只要稍微遠離市中心，司機便會直接說出一個顯然比實際所需要高的價格。不過十塊錢還是公允的，在喀什同樣的距離去喀什邊防支隊，司機開口要價便是二十塊錢。我爽快地答應了，並且表示充分理解。我的態度顯然讓司機很是滿意，於是很順利地開始聊天，他反覆解釋他要的價格其實只比實際價格多出一兩塊錢，似乎有些不好意思。

某處紅燈前，一位維吾爾司機搶道，他自然說起維吾爾司機在公路上的種種脾性。越說越激動，鄉音噴薄而出，尤其是那些罵人的髒字眼兒，「媽賣皮」，許多人簡直以為不用鄉音罵人便不能稱之為罵人。

重慶人。

我問他是重慶哪裡人，他回答：「江北縣」。

江北縣，改置為現在的重慶渝北區，是已經消失二十年的行政區劃。他驚訝於我知道渝北，更驚訝於我知道兩路，於是快樂地說他新買的房子就在兩路。

他十七歲從江北縣來到阿克蘇，在阿克蘇二十三年。

但是他說，我們還是要回去的。大女兒已經回重慶上學，八月份小女兒也要回去。雖然他們暫時還會回來努力幾年，但總還是要回去的。

「現在，屋裡頭還有個老人。」

我不知道他的意思是要等同在阿克蘇的老人老後再回去，還是因為老人要葉落歸根而一同回去，這我不方便去問。但我知道他肯定是要回去了，雖然大半輩子生活在阿克蘇。

他記得的是，他小的時候，他回渝北買的樓盤那裡，還是一片農田。

「都不一樣了。」

阿克蘇向烏什，依次途經阿合雅鄉、阿恰塔格鄉、亞科瑞克鄉、阿克托海鄉。阿克托海鄉與烏什縣城所在的烏什鎮彼此相連，而其中最繁華的，卻似乎是距烏什最遠的阿合雅鄉。

坐在我前面的兩位維吾爾姑娘，就是從阿合雅鄉上車。一直快樂地聊著天，一直有濃郁的香水味道飄散開來。穿著世俗化的服飾，只是紮著頭巾。我能看見側面面龐的姑娘，也許是笑得太多，忽然有些擔心，於是從包裡掏出化妝包，對著鏡子淡淡地補了一些妝。

我第一次看見旁觀她們的維吾爾女人的情緒。其後不遠上車的一位維吾爾女人，傳統維吾爾服飾，沒有遮面，坐在她們過道對側的座位上，指甲縫滿是泥土的手裡，攥著用來買票的零錢。她有茶色的頭髮，茶色的瞳彩，看著姑娘們，聽著她們說話，然後隨著她們一起淡淡地無聲地笑了起來。

我真喜歡看見這樣彼此面容鮮豔而快樂的人們，不是只有一雙隱匿在黑袍與黑紗後的冰冷的眼睛，那讓人厭惡而這卻讓人快樂，我想我都已經愛上她們了。

可惜我卻不能聽懂她們在說些什麼，不能隨她們一起快樂，我又開始厭惡讓人們無法彼此交流的各種語言了。

烏什縣城並不小，但結構卻簡單明瞭。東西向穿城而過的三〇六省道，稱為熱斯太街。縣城四面環山，北側是遙遠的天山南脈，而其餘三面卻是緊貼縣城的山崖。於是街道主要由熱斯太街向北延伸而去，似乎有遙遠的縱深。

烏什縣城的世俗化程度非常之高，維吾爾人無論男女普遍穿著世俗化的服裝，甚至維吾爾男人普遍不會丟棄的用以標示民族的四角帽也很少有人佩戴。年輕人中是絕無僅有的，中年以上的男人偶爾才見著，但是一身筆挺西裝的維吾爾老人，更是令我感佩。有些非比尋常的是，烏什縣城的漢人並不多——也許是我沒有找到漢人的聚集之地，只是就主要政府機關所在熱斯太街而言，從東走到西，再從西回到東，所見漢人幾乎全部是政府機關工作人員。絕少有漢人的店鋪，我甚至沒有找到一間可以午飯的四川飯館。

新建的烏什縣大清真寺也在熱斯太街街北，一九八〇年建的舊清真寺距離也不遙遠，只在相距百米外的英買裡路。門樓兩側的店鋪，生意興隆，烤饟烤肉，抓飯涼皮，聖地沒有仙境的雲霧，倒是不乏人間的炊煙。

烏什縣城實在是與其他南疆縣城迥然而異。

無從考證，光緒九年於阿克蘇置直隸州時，為何以溫宿為名？並且篤定的，再置溫宿縣，彷彿西漢時阿克蘇地並非姑墨國，而是溫宿國。

「溫宿國，王治溫宿城，去長安八千三百五十里。戶二千二百，口八千四百，勝兵千五百人。」溫宿國王城溫宿城，實則即是在烏什縣。也就是說，如今阿克蘇近旁的溫宿縣，實則與溫宿全無半點關聯。

王莽時，姑墨王曾奔襲溫宿，殺溫宿王，溫宿役屬於姑墨。北魏以後，姑墨與溫宿同為龜茲併吞。貞觀二十二年，唐破龜茲，於溫宿地置溫肅州，州治大石城，也稱于祝，隸屬安西大都護府。明以後，其地一度歸屬蒙古準噶爾部，時名圖爾璊。乾隆二十年，清平定準噶爾部叛亂，同年將圖爾璊漢文地名定為烏什。光緒九年，置烏什直隸廳，隸屬阿克蘇道。民國二年，烏什直隸廳改為烏什縣。

烏什，維吾爾語地名稱為：「Uqturpan」。喀喇汗國時，《突厥語大詞典》載烏什其地名為吾曲：「Uq」，有觀點認為，「溫宿—于祝—吾曲—烏什」是同一詞源的不同音譯。準噶爾部佔據南疆之時，曾將吐魯番地區一部維吾爾人遷至烏什。圖爾璊，「Turpan」，即是「吐魯番」的另一譯寫。而當地突厥語族實則稱之為吾曲圖爾璊「Uqturpan」，標記其地為吐魯番人大量遷入吾曲。

也許正是因為烏什這一極為特殊的族群變動，才會導致烏什縣城與其他南疆縣城差異顯著。

烏什至阿克蘇沿途，並不只在荒地農場才有漢人。

漢人幾乎分布在烏什所有鄉村，所有偏僻的在其他縣城的鄉村看起來完全不應當有漢人的地方。

下午由烏什回返阿克蘇時，客車依然空著半車的座位。但是烏什發往阿克蘇的客車沒有那麼密集，所以客車有更多的時間在每處鄉鎮或者鄉村的路口候客。

令我感覺震驚的是，陸續上車的，幾乎全部是漢人。從繁華的阿合雅鄉，或者全無人蹤的偏僻村口。

烏什縣由浙江衢州援建——縣城熱斯太街西端，居然還有一家衢州金色假日旅遊公司，不知道是主動來烏什開設分店，還是受政府鼓動。我此行南疆，除卻在喀什與塔什庫爾干見著幾位遊客，其餘時間，一路孤身，不見第二位遊客，可想而知現在南疆以地接為主的旅遊公司的境遇。衢州金色假日旅遊公司，房門緊鎖，以及左右的店鋪，一片蕭條。——因此沿途有不少名為浙江衢州新村的村落。清一色帶小院的曲尺形磚瓦房，正屋三間，右側折出一間廂房，塗刷成鮮豔的黃牆紅頂。有些漢人，甚至獨身行走的姑娘，就在路旁下車，走進某座衢州新村，聚集在村口的維吾爾村民，見怪不怪地繼續著他們的談話。

還有，讓我念念難忘的，阿合雅鄉上車的祖孫三人。

剃著光頭，已經長出短短髮茬的孩子，坐在座位上就盯著我看。可是又不像大多數維吾爾孩子那樣能夠全然不畏懼陌生人，我只是和他打個招呼，他已經怕生地再也不看我。嚷嚷著，要從奶奶的身邊離開，同爸爸擠坐在一起。也許這樣，他就可以坐在我前面，既不用因為好奇心忍不住打量我，又不用因為我回望他而感覺害怕。

獨自坐在那裡的奶奶，穿著明豔的紅花綠葉的花布做成的衣裳，赭石色的棉布褲子，一雙黑色燈芯絨的布鞋，紫色襪子與黑色鞋面上，濺著不少黃泥斑點。手裡提著新買的玩具包裝，是一輛電動汽車。一小袋白皮的葵花籽，還有一袋有椒鹽與蔥花調味的烤饢。兩隻饢，看起來都是吃剩下打包回來的，一隻饢還剩下多大半，一隻饢只剩下小半，還有一牙手指長的饢邊，也被裝在了一起，沒有半點浪費。

上車的時候，兒子遞給司機二十塊錢車錢，說了句被車載電視聲音淹沒的地名。我即便聽見也不知道在哪裡，而售票員顯然是明白的。但是我已經有足夠的線索可以猜到，他們一定會在半途某處村口下車。

他們一定是在某處荒地開墾出的農場勞作，今天是週一，但是對孩子而言，一定是一個特別的日子。爸爸與奶奶會帶著他，去大地方，帶他吃好吃的，給他買禮物。那麼好的禮物，一輛玩具電動車。

果然，後來他們某處村口下車。村口的路旁，兩頂軍綠色的帳篷，帳篷前的路旁，擺著幾隻蜂箱。是最辛苦的蜂農，更大些的帳篷前，一塊小號的太陽能電池板。

停在村口的客車裡，已經完全沒有手機信號，地圖上大約能看出來，水泥路盡頭的村子，名作托萬克荒地村。

水泥路還很遠，看起來要回到家裡，祖孫三人還要走上很久。

今天是個特別的日子，他們帶著孩子下飯店，買玩具。走出村口，他們沒有向左去阿克蘇，也沒有向右去更遠的烏什縣，只是去了一座名作阿合雅的鄉鎮。

路過的時候，我以為是一座就像我在旅途中經過的無數個無足輕重的不起眼的鄉鎮。

可是，阿合雅鄉，我會記著。我們以為無足輕重的，也許是別人舉足輕重的。

比如記憶裡，一輛來自那裡、來自童年的玩具電動汽車。

2014.06.24 01:44 新疆阿克蘇地區拜城縣交通路 藝欣酒店

第二十三章　拜城

拜城西郊的米吉克，據說最初土地貧瘠，即便荒草也是稀疏寥落，人們稱之為「米爾米爾其格」，維吾爾語意為羸弱的芨芨草。後來，「米爾米爾其格」省音為「米吉克」。

不知道那片貧瘠的土地，如今在米吉克鄉的哪裡。但肯定不是在庫木買里村，庫木買里村裡小小的十字路口，水渠與白楊之後，是將豐收的麥田。還沒有收割，在清晨舒緩的陽光下，一片彼此浸染的黃綠。

十字路口向北，左右各有一間烤饢的小店，他們讓街頭彌漫著烤熟的麥香。向東，有幾家燒烤的小攤，沒有烤肉，沒有羊油在木炭上被焚燒而出的濃烈的煙。鐵炙子上，只有一些清淡的豆製品，豆干、豆皮、素雞。可以算作葷腥的，只有一把細細的清真火腿腸。最多的是土豆（馬鈴薯），已經煮好的帶皮土豆，圍坐在攤前的維吾爾人，似乎每個人都會要上一個兩個，或者索性只要土豆。這大約也是為什麼燒烤的小攤用的是維吾爾人很少用的炙子，土豆碼在炙子上，烤透，滾燙地在食客面前的鐵盤裡蒸騰著熱氣。食客掂起來，手裡翻滾著，就勢捏著不是那麼燙手的土豆皮，掰開，然後蘸些辣椒醬或者加鹽的孜然粉，塞進嘴裡。

南疆其他縣城很少有見如拜城百姓般嗜好土豆，不像南疆的維吾爾縣城，倒更像西北的漢人或者回民縣城。一地的物產，才是決定一地何為美味的根本原因。縣城裡，維吾爾人聚集的隨意哪處街角，都有一位維吾爾老太太，面前擺一隻裝滿煮熟的土豆的竹籃。竹籃上，搭一條木板，木板上一盤切片的煮土豆，一碟辣椒，一碟孜然。最便宜的小食了，無論孩子還是大人，路過的時候想吃了，拈起一片來，蘸兩次孜然，一片也就三口兩口。

拜城之拜，音譯自維吾爾語「Bay」，「巴依」，意思就如同《阿凡提》裡的巴依老爺，富庶、富有，自然也可衍生為富人，財主。想起《阿凡提》裡總是腦滿腸肥，大頭小眼睛的巴依老爺，也覺得拜城頗有喜感，所以我更樂於稱拜城為巴依縣。

巴依縣初名拜城是在光緒八年，當時土豆已經在中國廣泛種植。相對於其他種植在貧瘠土地上產量極低的農作物，改種土豆能夠得到更多的澱粉，得到更多的熱量來源以維繫生命，也許正因為如此，高產土豆的拜城才可得名巴依。

只是這種巴依，就像現在依然以土豆為主食的地方，比如那些西北，多少令人感覺心酸。

米吉克的土地，依然有不少是漢人在耕種。

同車去米吉克的，像是依然在四川那樣背著背簍的女人，詢問司機還去不去哪裡，知道只停在庫木買里村時，低聲抱怨一句：「那還有好遠哦。」然後下車來，獨自向西走去，背著背簍，背簍裡大約是她在縣城裡沒有賣完的蔬菜。

還有坐在我前排的維吾爾人一家四口，父母和兩個兒子。在路邊買了兩大袋最大尺寸的烤饢，父親提一袋，小兒子提一袋，太大了，垂下手臂要拖在地上，於是幾乎是捧在懷裡。向南的路口有一輛馬車，南去的人們太多了，居然不夠坐的。誰也不願意落下，沒有辦法，一輛裝滿不知道塞著些什麼的編織袋的電動三輪車也被攔停。趕馬車的白鬍子維吾爾老人安排兩位也提著大袋烤饢的漢人就和在三輪車的駕駛座上，這才誰也沒有被落下。

小兒子看起來怎麼也有六七歲了，我從來沒有見過這麼黏著膩著父親的兒子。母親與大兒子坐在那邊，父親與小兒子坐在這邊，一路上小兒子簡直每分每秒都在鬧爸爸，捏爸爸的臉，摟爸爸的脖子，然後時不時深深地吻上去。父親也樂意和兒子鬧，捏回來，摟回來，也吻回來。或者抵著頭，吐著舌頭扮鬼臉，大兒子那邊沉穩冷靜地與媽媽肩並肩坐著，鬧作一團的父親反而像是小兒子沒有長大的兄弟。

父親抬起右手鬧兒子的時候，一瞬間我看見他右手的中指與無名指指頭齊齊截斷，斷茬的傷口似乎還沒有完全癒合。戴著鴨舌帽的父親看起來已經顯得很是蒼老了，雖然從他兒子的年齡上判斷他還並沒有老去，也許是生活過得並不容易，雖然和兒子坐在一起回家的時候他是那麼快樂。

同樣是在鄉里，米吉克鄉恬靜而安詳，遠不像在莎車托木吾斯塘鄉那般緊張與危險。人們穿著輕鬆，有年輕的姑娘拖著拉杆箱，輕快地從鄉里深處走來，臨街雜貨鋪熟識的女人與她打著招呼，她大聲地回應著，就像是在背著背簍的大嗓門的四川。

十字路口有回縣城的公車，我掂著三串烤豆腐乾與素雞跳上已經發動的汽車，前排兩個學生模樣的維吾爾姑娘回頭看見，笑了起來，大約是因為我的狼狽模樣。後來，在前面的村口，又從後門跳上來兩個維吾爾男孩子，與我同坐在後排。前面的姑娘再次回頭張望，再次笑了起來，也許是喜歡上一個陌生男孩子害羞的笑。男孩子們顯然感受了電光石火間的好感，相視一笑，然後會意地向前坐過去，再坐過去一排，直到坐在姑娘們的身後。

卻反而拘束了，只是默默地坐著，姑娘們也再沒有回頭。

一起在民俗街下車，那是公車的終點站。

所謂民俗街，其實就是一條並不算長的商業步行街，服裝店與飯館交錯在一起，絕大多數是由維吾爾人在經營。服裝店門外，幌子一樣挑著各色的絲襪，店裡大多也是世俗化的服飾，唯一能夠稱之為民俗的，大約也只有維吾爾飯館裡的烤肉烤包子。

有意無意的，民俗街似乎也是拜城漢人與維吾爾人彼此生活的分水嶺。民俗街南口在交通路，北口在勝利路，是拜城的兩條交通幹線，拜城大約也沿著這兩條幹線東西分布。

漢人主要生活在城西，我住的賓館樓下，交通路邊，一排南充人的四川飯館，空氣中幾乎都溢滿了川菜與火鍋的香膩。

連排的川菜館對面，是連排的風化場所。比葉城更多的門臉，年紀不小的女人們匿身在昏暗的門後。但是她們塗抹得雪白的面孔卻是令人難以忽略的，張望著走在門外恰巧紛紛若有所思，步履徘徊的男人們。

風化場所大約是最完美的民族大團結與宗教大團結的樣本。雪白的面孔，有漢族女人，有維吾爾族女人；徘徊的步履，有漢族男人，有維吾爾男人。我並不清楚他們信仰什麼，孔聖人，佛祖還是安拉，但是在風化場合，大約他們只信仰他們體內的荷爾蒙，唯一能讓他們有是非觀的只是雪白面孔的美醜，至於其他，各自歸天吧。

當然，夾雜在性慾之中的，還有賭癮。而且生意最好的，是伺候賭癮的一間名為「新敘府茶園」的麻將館。四五桌麻將，二三十國手，四五十看客，燈火通明，煙霧繚繞。一片祥和。

至於維吾爾人，自然主要生活在城東，起點大約就在距離民俗街北口不遠的拜城清真寺。

清真寺緊臨著人行道而建，門前沒有寬闊的廣場，自然也沒有許多宗教人士聚集。清真寺內似乎正在維修，院門緊鎖，以至於一個帶著籃球的維吾爾男孩子，捶了半天鐵門，也沒有人出來為他開門。

我問他怎麼回事，他也一臉茫然。我指了指懷中的籃球，於是我們在清真寺門前玩了會兒籃球。

由清真寺向東，直到亞吐爾鄉，路旁沒有再見著任何一家四川菜館。

即便彼此願意，但是信仰與禁忌的不同，讓漢人與維吾爾人很難生活在一處，或者說，穆斯林很難與任何非穆斯林生活在一處，其中原因是顯而易見，人盡皆知的。以新疆為例，無論一座縣城是趨於保守化還是趨於世俗化，無論漢人與維吾爾人日常交往疏離還是頻繁，但最終的生活，回到家裡直到明天的生活開始之前，彼此全無瓜葛。

看得見與看不見的分水嶺，總是如有雪頂的山巒一般，橫亙在每座南疆的縣城之中。

而這樣的割裂，似乎又全然無解。

亞吐爾鄉遠比米吉克鄉繁華，新建的學校與街道，對口支援方是富裕的溫州。亞吐爾，維吾爾語意為溝岸上的烽燧。據傳以前在亞吐爾鄉東面有寬闊的溝壑，溝岸築有烽燧，因此而得名。只是現在，我沿著東向的道路走到盡頭，也沒有看見半點關於溝壑與烽燧的蹤跡。

向西是一條通往鄉村深處的土路，路口拴著四匹拉著車的牲口，一匹馬與三頭驢，無數的蚊蠅讓它們很焦躁。最可憐的是那匹馬，大概是不願意馬尾掃著坐在馬車上的人，馬車主人把馬尾繫在了馬轡繩上。健壯的棗紅馬兒屢屢希望用馬尾驅趕身上的蚊蠅，可是甩動馬尾的努力只是被轡繩牽掛著一陣陣地痛，煩躁卻又無可奈何。

土路的深處，卻是一片安寧。土路兩旁有白楊，還有已經長到一人高的玉米。白楊林下，坐著一對年輕的男女，小夥子一直在努力勸說著姑娘。我走過去的時候，姑娘一次又一次躲開小夥子的臉，不願意看見他。而我走回去的時候，姑娘凝視著小夥子的眼，羞怯地笑著。

我沒有走到最深處的村裡，西邊的天空已經濃黑，彷彿有人把墨筆浸在了清水中。

昨天傍晚，我來拜城的時候，已是一路的雨，似乎我遇上了拜城最綿密的雨季。

我最終還是沒有在暴雨落下之前趕回賓館，大約只差五分鐘，我被困在了勝利路四十八號的一家麵包房裡。雷暴雨，而且夾雜著玉米粒大的冰雹，麵包房的勝利路，不多時候已經積滿了半尺深的水。

冰雹來的時候，氣溫彷彿瞬間下降了十度，一陣陣彷彿冬天的寒風，拼命灌進麵包房裡。麵包房的姑娘探出身子，招呼躲在門外屋簷下的漢人與維吾爾人進店躲躲，「店裡暖和。」

不知道是門外的維吾爾人聽不懂漢語，還是他們不願意走進出售食品的漢人店鋪，走進麵包房躲雨的，只有那位漢人。

他穿得很厚，綠布軍裝下，還有厚厚的中山裝與秋衣。藏青色的褲子很肥，裡面似乎也襯著秋褲。還有一雙舊得滿布裂紋的大皮鞋。坐在麵包房裡，掏出他的顯示螢幕已經破碎的手機，放著音量巨大的音樂。

他似乎總在那裡，與麵包房裡的姑娘們都已經是熟識的模樣。

老嚴，說書人一般，我只是問著他家鄉在重慶哪裡，他便把出重慶下三峽的各縣一一講了出來：

「涪陵，有榨菜；我們那裡有鬼城，曉不曉得是哪裡？」

「對頭，酆都。萬縣。雲陽，那裡有張飛廟。再有奉節。」

「朝辭白帝彩雲間，千里江陵一日還。兩岸猿聲啼不住，輕舟已過萬重山。曉不曉得是誰的詩？」

「對頭，李白。」

我說著李白，打著哈哈又走到了門外。老嚴嗓門巨大，每一句幾乎都是運足底氣喊將出來。

屋子裡，擺著他隨身帶著的兩把小馬紮，還有一把老式的大雨傘。小馬紮讓我以為老嚴只是出來溜彎被困雨中，我問他是不是孩子們在拜城工作。

他說不是，就只有他一個人。然後指了指泛泛的北邊，說住在那裡，而且才來幾天。

我實在不明白像他這樣一位老人，為何會獨身來到遙遠的南疆。

他說：「看相。」

他指著看相謀生，但是顯然這項謀生並不容易，所以他才會看起來如此落魄與寒苦。

因為這場雨，老嚴說起他在酆都時遇到的最大的雨，那年長江有最大的洪水，一九八一年，「那時候我才十五六歲，還在上中學。」一九八一年是我已經存在於這個世界上的年份，而在那個年份裡只是一名初中生的孩子，忽然這樣蒼老地站在我的面前，這種令人感覺恍惚的歲月的震撼，讓我甚至完全沒有聽見他說的關於那次洪水的一切。

我回過神來的時候，老嚴已經開始在說他這一趟的行程。

從酆都老家出來，去了湖北，襄樊與十堰。然後是河南，南陽、鄭州。再向北，到山西，太原。繼續向北，到了內蒙古，呼和浩特、包頭。再走寧夏，銀川，最後到了新疆，從庫爾勒來了拜城。

我問他下一站是哪裡？

他想了想，說不知道，再看吧。

也許是烏魯木齊。

這是他的旅行，他沒有人知道的旅行。

後來，雨小了，我打算回來。

我和他說：「走了。」

「走了。」

「我這邊走，您哪邊走？您在哪兒看相？」

「就是這裡。」

他指著他原先避雨的屋簷下。

2014.06.24 23:06 新疆阿克蘇地區拜城縣交通路 藝欣酒店

第二十四章　庫車

東出拜城克孜爾鄉，三〇七省道與輪克路十字路口，一道武裝哨卡；庫車鹽水溝，輪克路與二一七國道路口前，再一道武裝哨卡。出伽師以後，這是我順利逃避身分證查驗，連續成功闖過的第三道與第四道武裝哨卡。

其實一路以來的武裝哨卡，大多都可以如此輕鬆通關。正常情況，客車乘客應當排隊通過一條有監控探頭的狹長的通道，然後自行將身分證放置在身分證查驗機上聯網查驗身分，綠燈亮起，也即是確定沒有問題以後，完成一次通關。自入塔里木盆地南緣以後，和田與喀什地區的哨卡，維吾爾警察大多漫不經心，客車上的老人與婦女彷彿得到天然的豁免權，沒有半點要下車的意思，逕自坐在客車上隨車通關，並沒有任何警察過問。而在塔里木盆地東緣的巴音郭楞蒙古自治州的哨卡，警察總還會上車監督所有乘客下車。

更為疏忽的問題是，乘客自覺自願下車以後，卻沒有警察監督人們是否經由通道通關；或者即便經由通道通關，所有警察也只是坐在檢查站內低頭觀看顯示身分證信息的監視螢幕，並沒有警察在通道監督人們是否驗證身分證。

伽師去巴楚，在農三師伽師總場的檢查站前，半車的維吾爾乘客也許是因為熟悉情況，大多巋然不動。半車漢人倒是老老實實地全部下車，包括所有的女人，奇觀是在許多回伽師的騎自行車與摩托車的維吾爾人的注視下，一隊漢人接受維吾爾警察的身分證查驗，而一車維吾爾人坐在客車上，輕鬆地隨車通過。哨卡內只有一位維吾爾警察埋頭在監視螢幕上，我有些憤慨，憤慨於形式主義，憤慨於自己和其他漢人面對不公時的沉默，有些故意的，索性直接從通道外走過。

沒有人過問。

巴楚到阿克蘇，沒有檢查站。阿克蘇到拜城，在拜城西界的察爾齊鎮察爾齊巴扎村外，檢查站外終於有維吾爾警察願意站出來，但是依然沒有干涉半車沒有下車的女人與老或半老的人們。有警察監視總不能直接從通道外走過，但是可以從通道內直接走過。像他們的司機一樣，在通道內維吾爾人也喜歡超越，許多人同時出現在排著隊的我的前面。擁擠在一處，警察依然只在哨卡的茶色玻璃後面，那我索性再嘗試不查驗身分證，直接走出通道。

沒有人過問。

今天出拜城與入庫車的檢查站，大體依然如此。出拜城的檢查站我直接從通道外走過，原來已經有許多維吾爾人也知道這種伎倆，我們三五成群的，大搖大擺通過。即便如此，我覺得檢查站依然要表彰我們的奉公守法，我們畢竟還下車走過。

入庫車的檢查站，有漢人警察，卻同樣懈怠。但是好歹有警察願意坐在路旁的警車裡，遠遠張望著，算是監督。我假裝拿著身分證，排隊走到身分證檢驗機前，假裝拿著身分證放在查驗機上，然後通過，再假裝把身分證放回錢包裡。

沒有人過問。

我這才意識到自己有多麼幼稚，在民豐的時候，我還以為不慎搭乘客車的恐怖分子，可以在檢查站前下車，抄小路或直接經由戈壁繞行關卡以後，再繼續搭車。這多麼幼稚與膚淺？直接走過檢查站就是。

然後嘲笑那些拿著身分證在排隊的人們：只有好人才會任人擺布。

庫車。龜茲。

「龜茲國，王治延城，去長安七千四百八十里。戶六千九百七十，口八萬一千三百一十七，勝兵二萬一千七十六人。」

「龜茲國，都白山之南百七十里，漢時舊國也。其王姓白，字蘇尼咥。都城方六里。勝兵者數千。……東去焉耆九百里，南去于闐千四百里，西去疏勒千五百里，西北去突厥牙六百餘里，東南去瓜州三千一百里。」

延城，今庫車東郊，哈拉墩，皮朗古城。

西域大國。

佛國。

「伽藍百餘所，僧徒五千餘人，習學小乘教說一切有部。」

大唐貞觀二十二年，唐於龜茲設安西都護府，撫寧西域，統龜茲、焉耆、于闐、疏勒四國。安西都護府治所，在龜茲國城內，管戍兵二萬四千人。

如今在庫車，宣傳與追憶的，只有龜茲。唐時安西大都護府的榮耀，似乎不見蹤跡。其實，即便是龜茲，除卻龜茲這個名字之外，除卻遠處幾座殘破的石窟——比如我過克孜爾鄉也未去的克孜爾石窟，又有什麼蹤跡可以追尋？

喀喇汗國皈依伊斯蘭教，對西域諸佛國的聖戰，南向于闐，北向龜茲。喀喇汗國以後，同樣皈依伊斯蘭的東察合台汗國禿黑魯帖木兒繼續聖戰。拆除佛寺，搗毀佛像，焚燒佛經，屠殺僧侶。如喀什噶里在《突厥語大詞典》中記載的那樣：

> 我們如潮水而至，
> 攻陷了大小城池，
> 佛像廟宇全搗毀，
> 在菩薩上拉屎拉尿。

綿延千載的龜茲文化至此滅絕，僧侶或改宗伊斯蘭，或逃亡他國，或者堅定信仰，慘遭屠戮。

又何止七百年前的東察合台汗國，即便現在，塔利班的阿富汗，巴米揚大佛依然在劫難逃。若是大佛下有一眾僧侶，命運怕是也與七百年前別無二樣。

庫車縣城，東西走向。

清乾隆二十四年，平定大小和卓叛亂至此，正式定名庫車。光緒九年，設庫車直隸廳，隸屬阿克蘇道；二十八年，改為庫車直隸州，領轄沙雅縣。民國二年，改為庫車縣。

《新疆圖志》載庫車城，「城周四里六分，東南北三面形圓，西面形方」。平定大小和卓叛亂以後，城內築新城，即漢城，或稱滿城，原城稱老城，或稱回城。

乾隆五十八年，重修庫車城郭，開四門：

東門稱「蘇庫吾克」，意即水門，因門對庫車河；

南門稱「古力巴格庫吾克」，因門外為古力巴格村；

西門稱「夏瑪勒巴格庫吾克」，後封閉不開；

北門稱「巴依庫吾克」，巴依即巴依縣，拜城，因去拜城均出此門。

四門名稱由維吾爾百姓約定俗成，並無官定名稱。

由拜城至庫車，路線大約與清時並無不同，依然由庫車北門入城。最初見著的，便是保存依然大體完整的漢城北城垣。林基路街南北向穿漢城而過，再折向東，過庫車河，天山中路與天山西路，橫貫現在的庫車縣城，直到庫車客運站，已經是庫車西郊。

如果把東西向的天山路等分，大約西側的六分乃至七分，都是很少見到漢人的維吾爾人聚居區。尤其是庫車河左右，甚至維吾爾飯館裡的菜單也不再標注漢語，中國移動在公車車站燈箱裡做的廣告，也全部是維吾爾語，如果不是店鋪招牌強制的雙語對照，簡直如同身在某個中東國家。

菜單壓在餐桌的玻璃板下，除了阿拉伯數字的價格，茫然無措。接待客人的維吾爾姑娘，也不能說任何一句漢語，甚至聽不懂，甚至聽不懂我只說了兩個漢字的：「抓飯」。

我有些後悔沒有隨身帶著在民豐新華書店買的那本漢字注音維吾爾語基礎教材。姑娘有些無助地張望著老闆，還好老闆是懂漢語的，「抓飯，沒有沒有。」後來，從他口述的漢語菜單裡我點了一份聽起來適合我現在腸胃的清淡的「白麵」。半晌「白麵」端上桌的時候，才發現是一份油膩的「拌麵」。

庫車河河道寬闊，但是卻只有一脈不寬的河水貼著河床西岸，自北向南流過。河水極其混濁，夾雜著大量的泥沙。

橋下一坑河水裡，幾個維吾爾孩子撲騰著水玩。最大的孩子，獨享著用封箱膠帶纏在一起的泡沫板做成的浮筏，小些的不會游泳的孩子，只好把泡沫板塞在大大的褲衩裡，撲騰幾下，沒有浮起來，卻把大褲衩扯下來，在小朋友圈子裡很是丟人。

橋上很多乞丐。西側橋堍前的廣場，是熱鬧的巴扎。廣場外，有最多穆斯林來禮拜的熱斯坦清真寺。在維吾爾人的世界裡，乞丐大多圍繞著清真寺乞討，一如在漢人的世界裡，佛寺門前總也會聚集著很多亦真亦假的乞討者一樣。

也許乞丐以為有宗教信仰的人更為慈善，更願意施捨。其實我見著的這些信仰只為度己，而非度人，他們伸著乞討的手，人們從他們面前來來往往。願意施捨的人，少之又少。

兩側橋堍附近有濃烈的臭味，漢城北城垣外也是同樣，城垣底部被天長日久的隨意排泄沖刷掏空。街對面維吾爾飯館的老闆徑直走過來，屈膝蹲下，我正詫異他為何要在正午並且南向禮拜的時候，只見他掏出那話兒，就在人行道的邊上，甚至遠離牆垣。那邊正打算走過來的維吾爾小姑娘，遠遠望見，忙不迭地跳下人行道，幾乎繞到公路正中，快步穿過。

我終於在正午的烈日下走到庫特魯克歐爾達村，走到漢城的西側牆垣外，卻見著如墨般的烏雲正從北側天山南脈的山巒上洶湧撲來，雷聲隱隱。而烏雲的前鋒，瞬間已經掩去陽光。昨天在拜城的雷暴雨讓我心有餘悸，果斷回返。

城垣下，電動三輪車車夫終於願意走近牆垣，走過的維吾爾姑娘依然還要繞遠通過。「庫車縣重點文物保護單位」的文保牌下，遺矢遍地。

搭公車再回庫車河，雨勢已經漸濃。

橋頭擺著錢幣攤的維吾爾白鬍子老人，正在收拾他攤子上的寶貝紙幣，今天的生意要提早結束了。

能夠在某地的老城裡發現售賣舊貨的地攤，令人興奮。雖然其中大多是拙劣的贗品，但是偶爾尋著一件兩件價格不高卻極有收藏價值的玩意兒，才是最值得期待的事情。最初進城路過庫車橋時已經注意到他，在漢人聚居的東城住下，片刻沒有停留，立刻回返庫車橋。

最先與我搭話的，卻是坐在他身後的胖胖的女乞丐，半個臀部裸露在外面，要我手中的大半瓶水。水是一個漂亮的維吾爾男孩子帶著我在街邊找到維吾爾超市里買到的，遇見他的時候，我正在拍攝一處房屋廢墟上的兩張維吾爾墓地裡用的床形木柵。

他跳到我眼前，比劃著要拍照片。他似乎正害著結膜炎，眼睛紅紅的流著淚水。

看到自己的照片，他笑起來，然後轉身就走。邊走邊回過頭來看我，看見我拉著一家其實已經關門的雜貨鋪的店門，他跑過來問我要做什麼？我說買水，他這才帶著我去找街角的那家大而幽深的超市。我招呼著又要走開的他，要給他也買一瓶水，他無論如何也不要，揉著眼睛，穿過汽車橫衝直撞的十字路口走遠。

老人的錢幣攤上，玻璃板下壓著不少的各國紙幣，來往的維吾爾人對花花綠綠的紙幣很有興趣。現在的局勢，維吾爾人如果想要出國旅行已經是一件非常困難的事情，當然這本來也不容易，所以摸一摸那些紙幣，全當是體驗遙不可及的異域吧。

一串銅錢裡，大多是今鑄的仿製清代製錢。幾枚鏽色很漂亮的開元通寶，還有一枚寶伊局的紅銅光緒元寶當百大錢。老人看見我有興趣，伸出三根手指告訴我價格。三百並不貴，但是錢的品相太差，字口已經被磨損得有些漫漶了。

我問他還有更好的嗎？他一迭聲地說著「很貴的，很貴的。」從擺在攤子下的木箱裡摸出一小只布口袋，口袋裡掏出的寶貝，包裹著厚厚的手紙。「很貴的。三千五百塊。」上手的是一枚大中通寶小平錢，背穿上「京」字。

他知道我買不起，於是又像一層層剝出來那樣再一層層包回去。旁邊圍觀的人們，眼神豔羨。

權當是真品並且真如那般珍貴吧。

庫車河的上游，墨黑色的雲幾乎要溶在河水中，風也乍然寒冷，一如昨天在拜城，我知道暴雨瞬間將到。

但是我依然打算走到庫車大寺，臨街有許多的店鋪，我總不至於無處避雨。

慶幸的是，雨終於等我走到了庫車大寺。就當我坐在庫車大寺的門樓下，片刻，暴雨如約而至。

電閃雷鳴，可是雨卻始終沒有更大，雨似乎繞過了庫車，直到雷聲從天北滾落到天南，雨依然還是那樣，後繼乏力。人們開始感覺不屑，沒有人再躲雨，生活只彷彿略一遲疑，然後一切如常。

庫車大寺是伊斯蘭教攻滅龜茲以後，在庫車興建的第一座清真寺。初為土建寺院，明時改作木構，民國十二年重修後遭大火焚毀，民國二十年重建。磚拱門樓應當是八十年代補築。十二年前，庫車縣人民政府出資兩百餘萬元再次重修。

十二年前的兩百萬，可真不是一個小數目。

民國二十年，由庫車人艾里木阿吉私人出資重建的禮拜大殿，雨中空無一人。

這是我在南疆進入的第一座清真寺，也是第一次進入禮拜大殿。庫車大寺如同喀什艾提尕爾清真寺辟為旅遊景點，十五塊錢的門票，任何人均可進入。鋪滿地毯的禮拜大殿裡存放著不少個人物品，依然在實際使用。前方的小廳裡，暗如永夜。隱約能看見一張如王座般的木椅，幾摞經書，以及濃烈得無以化解的腳臭。

庫車大寺前的小巷，東口就是庫車城東門蘇庫吾克曾經的位置。一間雜貨鋪，買一瓶水，坐在棚下等著最後零星的雨散去。

雨水落在地磚上，會有一瞬間的明亮，轉瞬暗淡，然後浸入地磚，消失於無。
忽然看見一個胖胖的漢人姑娘，撐著傘，走進對面的窄巷。
抬頭看巷口電線杆上的路牌，原來那裡有庫車縣第五中學。

天又重歸晴朗。
我搭公車向東，一路向東，直到庫車客運站。
重見世俗化的繁華。我帶著的唯一一件合適在夏季穿著的外套，在從若羌去且末的客車上，過道裡被那位胖胖的紅衣女人擠我的時候，掛在車座上被撕破。一路以來，我都穿著一件破衣裳，還丟了一件T恤。
終於在繁華的大市場裡，我又買了兩件新T恤。還有，兩斤庫車小白杏。
很甜，我開始感覺幸福。
回來的公車上，我又遇見了自入南疆以來的，第一位維吾爾女司機。
溫和地開著車，溫和地看著人們上下，溫和地走遠。

2014.06.26 01:40 新疆阿克蘇地區庫車縣天山東路 九九快捷賓館

第二十五章　輪台

買賣新開的輪台博物館，實在是我見過經營理念最為乖誕的博物館。開門迎客，卻不允許參觀其地下一層關於西域都護府歷史的核心展館。「只有人多的時候才給看。」值守在館門內的兩位維漢館員如此解釋道。在我質疑這究竟為何時，負責登記參觀者身分信息的維吾爾女館員只回答以一句顛撲不破的真理：「這是規定。」

好在，她身後那位正在翻看一本輪台史地書籍的漢人姑娘，頗為同情我的萬里來此卻將就此錯過的遺憾，略略地遲疑，然後與維吾爾女館員相商，是不是請她詢問一下館長的意見，為我破例。

館長也是女人，漢人，三個女人張羅一家樓上樓下的博物館，確實也是不容易。雖然勉為其難，但是館長還是同意為我打開展館的燈，然後在登記簿上備註我的行徑，囑咐漢人姑娘全程陪同，嚴禁拍照，「而且我們還有十分鐘就要下班了，你快一點。」

我簡直有進入某座皇帝陵寢地宮的興奮與期許。現實卻是殘酷的，也許確實是皇陵，只可惜是一位僭稱皇帝的草寇，一無所有。除卻展板與模型，只有新近在烏壘古城出土的一些殘破的民用陶罐與銅屑。我甚至沒有用完十分鐘的時間，三分鐘後我已經站在博物館的門外，暗自歎息。

輪台於我，有特別的意義。我對西域的嚮往，幾乎僅僅源自「輪台」這兩枚漢字。源自那年在鹽池，一句岑參，「知君慣度祁連城，豈能愁見輪台月？」雖然此輪台非彼輪台，但是同名足矣，如果南疆我只能為一座縣城而來，那必然還是輪台。

此輪台非唐輪台，而是漢輪台。輪台縣境，西漢時輪台在西，烏壘居中，渠犁在東南。宣帝神爵三年，西漢於烏壘置著名的西域都護府。烏壘其地，「於西域為中，故為護治焉。」

烏壘故城，在今輪台縣城東北策大雅鄉東南三十公里處。晉時，輪台屬龜茲；北魏以後屬吐谷渾；隋屬西突厥。唐於龜茲置安西都護府以後，由安西四鎮之龜茲管轄，其後兩度陷於吐蕃。元明兩代，屬東察合台汗國；明中葉以後，受喀喇沙爾也即焉耆轄治。

清時，乾隆二十四年，平定大小和卓叛亂之後，於輪台設阿奇木伯克官職，仍隸屬於喀喇沙爾辦事大臣；光緒二十八年，置布古爾縣。輪台城突厥語地名布古爾，Bügür，據《突厥語大詞典》載：由庫車城去高昌回鶻的山上有一個城堡名叫布古爾。大約最初為輪台城北山巒間一座城堡名稱，後漸以其稱呼臨近的縣城。宣統以後，改稱今名輪台縣，屬焉耆府。

由庫車來輪台，行政區劃上，已經由阿克蘇地區重回巴音郭楞蒙古自治州。

一次完整的塔里木盆地周緣綠洲的環行，至此結束。

庫爾勒、若羌、且末、民豐、于田、和田、皮山、葉城、莎車、英吉沙、疏勒、喀什、塔什庫爾干、伽師、巴楚、阿克蘇、溫宿、烏什、拜城、庫車、輪台。二十六日，一州三地二十一縣市。

庫車客運站是一路以來最糟糕的客運站，工作人員態度蠻橫，讓我奇怪的是進站口一位身著便服的維吾爾工作人員究竟是何身分，不板起面孔來以訓斥的口氣便不能說話，對所有人極盡輕蔑。

至於庫車客運站，則比且末客運站更為生財有道，發往輪台的早班車，晚在十一點半。如果想要早走，那就購買高出客車票價一倍有餘的私人運營的轎車車票。私人轎車掛靠在客運站，票價高，客運站的收入自然也高。無恥甚於喀什至塔縣線路，畢竟往來喀什與塔縣的旅客有限，沒有客車願意空車往返。而往來庫車與輪台的旅客眾多，晚發與少發班車，純粹是為斂財。

無奈，時間才過九點，只有任憑宰割。一眾維吾爾司機也是滿臉不耐煩，似乎讓他們賺我的錢是我的過錯。半途中，又不允許我在車裡打盹，理由是困意會傳染給他，他也昏昏欲睡，因為起得太早。

沒到輪台縣城，十點左右，迎面已經見著輪台發往庫車的客車。

輪台實在是我自入南疆以來，所見到的維吾爾人與漢人生活交融程度最深的縣城。一般的南疆縣城，維漢分居的傾向明顯，在維吾爾人聚集的城區，漢人縱使有生活上的往來，但絕少會居住在那裡，比如最近的庫車，之前的莎車、皮山，界限分明。即便世俗化程度比較高的縣城，維漢兩族百姓在縣城中有共同居住的區域，但是哪怕只是在近郊的鄉村，如果沒有生產建設兵團的團場，漢人也是蹤跡全無的，比如之前拜城的亞吐爾鄉。

但是在輪台，漢人不但與維吾爾人在縣城廣泛地生活與居住在一起，在近郊的維吾爾鄉村裡，同樣生活著為數不少的漢人，而且他們很多看起來，是租住在維吾爾人自建的房屋裡。

在步行街西口搭公車去阿克薩來鄉，公車站候車廳下的座位上，坐著一位戴眼鏡的年輕人，身邊放著一摞紙箱，地上擺著兩箱牛奶。他三四歲的女兒，戴著一頂有米老鼠耳朵的黃色的帽子，乖乖地坐在兩箱牛奶上。高度正合適，候車廳的座位太高了，雙手抱著一瓶水，帽子也遮擋不住炙熱的陽光，滿臉是汗，可也不聲不響的，只是不時地擰開瓶蓋喝一小口水。

我在猜想這樣的小公主會去哪裡，結果在阿克薩來鄉阿克薩來村裡，一條通往村子深處的土路前，父親示意停車。大人提著牛奶，拿著紙箱，騰不出手來牽著小公主，小公主自己蹭到過道裡。司機踩下剎車，結果小公主沒有站穩，氣哼哼地摔倒，好在雙膝跪地，撐住了身體。還是不聲不響的，沒有哭也沒有埋怨誰，抱著水瓶站起來，自己從後門挪下車。

他們居然就住在阿克薩來村裡。

還有坐在我前面的小男孩，學校校服和臉一樣髒得花裡胡哨。坐在座位上，忽然想起什麼，在比半個自己還大的書包裡，摸索半天摸索出一隻蝸牛。湊近看看居然還活著，於是關起車窗，讓蝸牛黏在車窗玻璃上，直勾勾地盯著看。

不遠處他也要下車，熟稔地衝到司機身邊，摸出兩塊錢扔在發動機蓋上盛錢的紙盒裡，從前門跳出去，背起書包，提著一大袋青辣椒，向路旁水渠後面村子裡的家裡跑。

我奇怪的是，他似乎還沒有到有手機的年紀，怎麼知道要給家裡帶回一袋青辣椒？還是父母誰也在縣城裡，買好了讓他先帶回去？

如果村子不是有更多的維吾爾人，眼見著的生活在這裡的漢人，一切瑣碎的細節，與在河南，或是在四川，並沒有什麼不同。

傍晚了，人們安逸地回來，帶著晚飯要做的菜。晚飯安逸地擺在桌上，等著所有家人回來。然後是一個安逸的夜，彷彿這裡根本不是在南疆，根本不是在最近暴力恐怖襲擊事件頻發的南疆。

我在手機地圖上檢索到的唯一一座清真寺，是亞喀巴格村村口國道邊的清真寺。在南疆的縣城，清真寺的數量實在太多，以至於我根本沒有辦法以清真寺為目的問路。出租車的維吾爾司機告訴我，輪台有三個大清真寺：

「那邊一個，那邊一個，還有那邊一個。」

天知道哪邊有哪個？就像昨天從庫車河東岸走到庫車大寺，短短不足一公里的路程，居然有五座清真寺。如果我不是逐一走過它們，我實在沒有辦法說清楚我想要去哪一座清真寺。

如果我將要生活在南疆，那麼估計餘生的一半時間，就要浪費在各個清真寺之間的路上。

我以為亞喀巴格村清真寺周圍，會像其他南疆縣城的清真寺周圍那樣，聚居著許多維吾爾人，形成一座維吾爾人的老城或者巴扎，但是讓我震驚的是，在清真寺之前的路旁，幾乎全部是漢人經營的店鋪，甚至停在路旁歇午的出租車，也全部是漢人司機，就像內地所有城市能看見的那樣，司機們聚在一起，聊天或者打牌。

清真寺的兩側，終於是維吾爾人的店鋪，左手邊一間榨油作坊，右手邊一間裁縫鋪。可是清真寺兩側通往亞喀巴格村深處的小徑，卻不時有漢人出來進入。

隨著他們深入亞喀巴格村，才發覺村子中的大多數房屋都已經出租給漢人。河南人，儼然就是一座河南的村莊。不絕於耳的是河南話，孩子們獨自在路旁玩耍。女孩子們更貼心，已經可以幫大人做事。不知道從哪裡的小店繞過來，左手攥著一根大蔥，右手塑膠袋裡裝著半斤麵條，走過曲折的村中土路，踅進窄巷深處的家。

透過院門能看出來，村子裡生活的河南家庭，家境顯然不及依然留在村中的維吾爾人家庭。也許是客居他鄉，不願意收拾打掃，維吾爾人的院子乾淨整潔，新潑過水的葡萄架下擺一場床，爺爺奶奶們坐在床上，床上床下圍繞著三五個孩子。

河南家庭大多是兩個孩子，多出來的可能就是僅有漢人才能違法的超生——也許有些背井離鄉正是因為如此，不像維吾爾人或者回民，可在安逸的家裡，法無可違地隨意期盼著所需要的孩子。

與清真寺同在路邊的明明商店，女主人正在準備午飯。之前路過的時候，她的小兒子躺在門外的長椅上，我開玩笑地稱呼他為小老闆，女主人聽見，便在商店裡獨自笑了起來。快樂的笑聲，自然也有足夠的友善。可惜商店門上掛著門簾，我看不見她。

回來的時候，我索性藉著買水的機會，進到店裡。女主人微微發福的年紀，收拾得乾淨利落。她是河南駐馬店人，而村子裡大多是南陽人，並非來自同一處地方。我的與河南相鄰的安徽人的身分，自然可以算得上是老鄉。

她讓我在屋子裡坐著歇會兒，然後問我吃過午飯沒有，要我等會兒，午飯做好了，讓我同吃。她知道維吾爾人的肉食不合漢人的腸胃，她說她早晨去批發市場批發蔬菜的時候，市場邊包子鋪裡的包子總也吃不慣，後來索性自己做。

「還是自己做的好，也乾淨。」

商店裡是名副其實的雜貨鋪，煙酒日雜，蔬菜瓜果，一應俱全。午飯自然就是現成的，河南人永遠吃不厭的麵條，也是店裡在賣著的，就碼著冰櫃上，半斤幾兩的各自裝在塑膠袋裡的切面，揀一袋，裡屋的西紅柿雞蛋滷已經炒得噴香。

不時有附近的鄰居進店來買東西，看起來家境殷實的維吾爾中年男人過來買兩包煙；騎著摩托車精瘦的維吾爾小夥子興奮地把一隻瓶蓋伸在女主人的眼前，是中獎「再來一瓶」的飲料。女主人過來給他再來一瓶，等小夥子出門，她苦笑著說也不知道他是在哪裡買的，中了獎卻來這裡領。話音未落，小夥子又衝進店裡，居然又中一瓶。樂得合不攏嘴，說先慢慢喝著，然後把中獎的瓶蓋擰緊，等喝完了再來兌獎。繼續苦笑，她說自己喝的從來沒有中過獎，這小夥子運氣也太好了。

隔壁的小姑娘過來，逕自走到隱匿在貨架底部的雞蛋筐裡，挑出一枚雞蛋，放在電子秤上。女主人覺得可樂，問她你只買一個呀？小姑娘精打細算地說，我得看看一個有多重，才知道買幾個。然後走回來，再挑一枚。小姑娘按五毛錢一個的價格給了女主人一塊錢，而電子秤上顯示的價格是一塊一。沒有辦法，只好繼續苦笑，算給我聽，被買走了兩枚雞蛋，不但沒有賺錢，還賠上幾分錢。越是小本生意越難做，附近的維吾爾人買菜更是不怕麻煩，青椒一隻一隻地買，大蔥一根一根地挑，「他們家裡都不買電冰箱，怕壞。不像漢人，好歹還能買上半斤一斤。」

一會兒挑門簾又進來一個小公主，舉著五塊錢，用可愛的童音說著河南話：「要買饃饃。」

女主人問她：「買多少饃饃呀？」她回答說：「要買麵條。」

女主人問她：「你到底是要買饃饃還是要買麵條呀？」這彷彿是諮詢了她無解的民族宗教問題，她愣在那裡，想呀想呀卻怎麼也想不出答案。

女主人索性挑開門簾，問等在門外的媽媽，才知道答案是要買麵條的，而且要最寬的麵條。

對於厭惡吃麵條的我而言，實在不知道麵條的粗細除卻形式主義的表達之外，能對吃面這件事情本身造成多大影響？但是河南人顯然認為這是一件極為重要的事情，最寬的麵條剩的不多了，門外的女人詢問次寬的麵條有多寬？在片刻不知道要如何計算的計算之後，女人決定只買剩下的那些最寬的麵條。

小公主接過塑膠袋，顛顛地往外跑，險些忘了還要找零。

後來還有一個穿著雪白連衣裙的女孩子進來買零食，女主人真誇她的衣服漂亮。女主人的小兒子呼嚕完了一碗西紅柿打滷麵，又吃下去一條袋裝的滷魚，抹拉一把嘴，逕自向門外跑。

我們笑他果然還是小孩子，這麼漂亮的姑娘在身邊，卻完全不想看一眼。

媽媽歎口氣說：「你要是個女孩子多好，我也給你買一身。」穿裙子的姑娘聽見都笑出聲來，小兒子肯定是覺得丟臉了，挑開門簾吼媽媽：「才不稀罕。」

女主人來輪台十年了，她的小兒子也正好十歲，就出生在輪台。他說新疆普通話，也可以說河南話，但是卻被她的媽媽評論為：「兩樣說得都不正宗。」

十年前來輪台的時候，附近的漢人還很少。那時候他們的生活還很苦，住在遠遠的村子裡。「看見漢人可親。」她說。

現在雖然困守在小賣部裡，為每筆賺著塊兒八毛的生意，和附近的漢人與維吾爾人磨嘴皮子打嘴仗，但已經算是幸福的生活了。

進來兩個維吾爾年輕人，買了一箱啤酒，二十八塊錢，熟悉些的年輕人張口還價到二十五，把女主人嚇一跳，「咦，這麼低的價格批發都批發不來。」當然，年輕人也沒有當真，喝酒才是正道，只要有錢，多些少些便不是什麼大問題了。

女主人的大兒子成績不是很好，現在在庫爾勒上技校，石油勘探之類的，如果以後能進入庫爾勒或者庫車的油田工作，那也算是了了一大樁心願。

至於小兒子，上午考完四年級期末考試回來，忽然決定六年級要回河南去讀，雖然他更喜歡新疆。

媽媽看透了他的心思。原來他們學校裡有一位教語文的回民馬老師，脾氣暴躁，以前大兒子在學校讀書的時候，就被他一巴掌把臉上打出五道指痕。小兒子也害怕他，不巧的是他們自己的語文老師生病住院，可能到六年級的時候，要換那位馬老師教他們班。嚇得他，中午一迭聲地和媽媽說，六年級一定要回河南。

我們都寬慰他，一個年級那麼多班，哪有那麼巧馬老師就會教到他們班。可是他依然憂心忡忡，不住地敘述馬老師的各種殘忍行徑。

四年級果然是一個會讓男孩子們遭遇不幸的年紀，我記得我四年級的期末考試，語文只考了四十六分。我本打算用這樁故事安慰他，但是我意識到顯然他遇到的問題更為棘手，因為「馬老師還有三十年合同呢」，他反覆說。

在明明商店裡坐了兩個小時，甚至有些不捨得離開。

他們在輪台的十年，不知道有多少故事值得我去傾聽，比如她說前年去摘棉花的經歷。此行南疆，對河南人平添許多敬意。在南疆，他們沒有江浙生意人那樣事業有成，處處可見的氣派的浙江賓館、江蘇大廈，無一不在昭示著人們對於江浙人財富的渴望；也不像四川人那樣精於小本生意，處處可見的四川菜館，隨意哪個四川人都能做幾樣川菜是四川人天然的謀生手段。而河南人，以農民的身分而來，並以農民的身分生存在這裡。

所以，無論是在河南，還是在新疆，河南人看起來並沒有什麼不同，執著於土地，一切希望也都在土地裡。所以灰頭土臉地，算計著每一分血汗錢。

可是，當你走在這裡，當你走在種族與語言完全不同的南疆，當你因此而心生畏懼的時候，總會遇見一位河南人，像是在內地每處村口看見的那樣，低著頭，背著手，平靜地走過來。於是你便覺得安心了，他是你的影子，他安全著，你也安全著。

也許只有河南人，才能如此根植於每處有著希望的土地的鄉村，無論世事如何，他們總在這裡。

雖然有人逃離了，但是更多人留下了，並且似乎將永遠不會離開。

出輪台博物館，坐在街邊公車站躊躇著去哪裡的時候，座椅旁邊，扔著一本小學生的聽寫本。

今天上午才考完期末考試，一定有學生興奮得得意忘形。

聽寫本上，寫著「一小五三班」，主人的名字叫作阿麗米熱，一定是一個漂亮的維吾爾小姑娘。

聽寫本已經寫滿，大部分是各種詞組，字寫得不算漂亮，可是阿麗米熱很認真，每個寫錯的字，都用白色的剪成正方形的不乾膠貼遮擋住錯字，再寫上正確的漢字。

居然還有古詩，對於小學生而言，這一定是最難的聽寫了，而且還是一個維吾爾小學生。

是半人半仙的呂洞賓所作的《牧童》：

草鋪橫野六七里，
笛弄晚風三四聲。
歸來飽飯黃昏後，
不脫蓑衣臥月明。

根植在漢人心中的這份田園，維吾爾小姑娘怕是永遠不會理解的吧？

2014.06.26 23:53 新疆巴音郭楞蒙古自治州輪台縣文化北路 麗都快捷賓館

老城　庫車

庫車河　庫車

清真寺　庫車

血歷史97　PC0683

新銳文創
INDEPENDENT & UNIQUE

南疆紀行

作　　者	胡　成
責任編輯	洪仕翰
圖文排版	詹羽彤
封面設計	蔡瑋筠

出版策劃	新銳文創
發 行 人	宋政坤
法律顧問	毛國樑　律師
製作發行	秀威資訊科技股份有限公司 114 台北市內湖區瑞光路76巷65號1樓 電話：+886-2-2796-3638　傳真：+886-2-2796-1377 服務信箱：service@showwe.com.tw http://www.showwe.com.tw
郵政劃撥	19563868　戶名：秀威資訊科技股份有限公司
展售門市	國家書店【松江門市】 104 台北市中山區松江路209號1樓 電話：+886-2-2518-0207　傳真：+886-2-2518-0778
網路訂購	秀威網路書店：https://store.showwe.tw 國家網路書店：https://www.govbooks.com.tw

出版日期	2017年9月　BOD一版 2018年10月　BOD二版
定　　價	450元

國家圖書館出版品預行編目

南疆紀行 / 胡成著. -- 一版. -- 臺北市：新銳
文創, 2017.09
面；　公分. -- (血歷史；97)
BOD版
ISBN 978-986-95251-2-1(平裝)
1.遊記 2.報導文學 3.新疆省

676.169　　106013818

讀者回函卡

感謝您購買本書，為提升服務品質，請填妥以下資料，將讀者回函卡直接寄回或傳真本公司，收到您的寶貴意見後，我們會收藏記錄及檢討，謝謝！

如您需要了解本公司最新出版書目、購書優惠或企劃活動，歡迎您上網查詢或下載相關資料：http:// www.showwe.com.tw

您購買的書名：____________________

出生日期：________年________月________日

學歷：□高中（含）以下　□大專　□研究所（含）以上

職業：□製造業　□金融業　□資訊業　□軍警　□傳播業　□自由業

□服務業　□公務員　□教職　□學生　□家管　□其它____

購書地點：□網路書店　□實體書店　□書展　□郵購　□贈閱　□其他

您從何得知本書的消息？

□網路書店　□實體書店　□網路搜尋　□電子報　□書訊　□雜誌

□傳播媒體　□親友推薦　□網站推薦　□部落格　□其他________

您對本書的評價：（請填代號　1.非常滿意　2.滿意　3.尚可　4.再改進）

封面設計____　版面編排____　內容____　文／譯筆____　價格____

讀完書後您覺得：

□很有收穫　□有收穫　□收穫不多　□沒收穫

對我們的建議：____________________

____

____

____

請貼
郵票

11466
台北市內湖區瑞光路 76 巷 65 號 1 樓
秀威資訊科技股份有限公司 收
BOD 數位出版事業部

（請沿線對折寄回，謝謝！）

姓　名：__________ 年齡：______ 性別：□女 □男

郵遞區號：□□□□□

地　址：______________________

聯絡電話：(日)__________ (夜)__________

E-mail：______________________